「半島」の地政学

クリミア半島、朝鮮半島、バルカン半島…
なぜ世界の火薬庫なのか？

Naito Hirofumi
内藤博文

KAWADE夢新書

世界はなぜ、「半島」をつねに奪い合ってきたのか？●はじめに

２０１４年、突如、クリミア半島がウクライナから独立。事実上、ロシアの庇護《ひご》下に入った。以後、ウクライナに風雲迫るなか、ユーラシア大陸の東に目をやったとき、あらためて不気味に映ったのが朝鮮半島である。

朝鮮半島の現在も、クリミア半島の争奪《そうだつ》も、日本人にとって不可解でさえある。じつは不可解な「半島」こそが、世界の不安定要因になっているのではないか。

実際、世界の戦争、紛争の多くは半島を舞台にしてきた。20世紀だけでも、バルカン半島、朝鮮半島、インドシナ半島、マレー半島、シナイ半島などが戦場となった。バルカン半島は第１次世界大戦の発火点だし、朝鮮半島は日露戦争の起爆点となっていた。

半島の抱える問題は、半島のみで解決することなく、えてして大陸の大国を巻きこむ。大陸が領土欲にひどく欲深《よくぶか》な「怪物」なら、半島はその「怪物」である大陸の大国を振りまわす「妖怪」のようなものだろう。

大陸の行動は、力づくだけにわかりやすい。しかし、半島の動きとありようは、人を混乱させる。「妖怪」である半島に大陸が引きずりこまれていったとき、大陸の「怪物」は望

みもしない戦争に巻きこまれ、破滅することさえもあるのだ。

実際、ヨーロッパの怪物的な大国が、バルカン半島の確執に巻きこまれて第1次大戦を経験した末に、何を見たのか。ロシア、オーストリア、ドイツの帝政は消滅させられた。バルカン半島にかかわったばかりに、ロシア、ドイツという大陸の大国は、まったく別の国になり、領土まで減らしてしまっている。

朝鮮半島では、日本が泣きを見ているし、アメリカ、中国も苦渋を味わってきた。朝鮮半島の内紛に巻きこまれて、日本は日清、日露戦争を戦ってきた。その後、朝鮮半島を守る意味もあって満洲に侵攻もした。その行き着く先は、日米戦争であり、日本は無残に敗れ、亡国の憂《う》き目を見なければならなかった。

日本が朝鮮半島を去ったのち、朝鮮半島が巻きこんだのはアメリカと中国である。アメリカと中国による朝鮮戦争は、互いを消耗させるだけで、何も解決できなかった。

半島につい周辺国がかかわってしまい、大火傷《おおやけど》をするのは、半島について一知半解《いっちはんかい》だからだろう。大陸と同じようなもの、島嶼国《とうしょ》とも変わらないと思って不用意に半島に近づくのだが、半島は大陸の国々とも島嶼の国々とも違う。島嶼の性質を持っているとはいえ、半島は独自の論理で動いていく。その不可解さが、まるで「妖怪」なのだ。

半島は、これから先も世界の不安定要因になるだろう。バルカン半島は相変わらず不安定さを残しているし、広義のインドシナ半島は、ミャンマーやカンボジア、ラオスという政情不安な国を抱えている。朝鮮半島の韓国と北朝鮮には、何を考えているのかわからないところがある。朝鮮半島の未来が予測不可能なように。

この本では、不可解な「妖怪」である半島について、地政学や地理学の見方からアプローチしてみた。不可解な半島の問題を筆者なりに整理してみると、半島固有の特徴も見えてきた。もちろん、それぞれの半島に固有の特質もあるのだが、共通するところは半島が「統治不能の要塞」であるところではないか。

半島はつねに内輪《うちわ》揉《も》めをしていて、半島全体は「統治不能」にも映る。けれども、半島は外部に対しては脆弱《ぜいじゃく》ではない。むしろ、「統治不能」の要素がそのまま、征服しがたい「要塞」の要素となる。半島を征服・統治できないから、半島にかかわった国は不毛を体験し、泣きまで見るのだ。

実際のところ、筆者程度の識見では不可解な半島を完全に解剖はできない。しかしながら、それでも半島への理解を少しでも深めておくしかない。近い将来、日本が半島問題で亡国に等しい体験をしないための補助線となれば幸いである。

内藤博文

「半島」の地政学／目次

序章
半島はなぜ、いつも衝突の舞台となるのか？

1章 バルカン半島に見る大国衰亡の地政学

2章 朝鮮半島に見る内部分裂の地政学

3章 クリミア半島に見る国家威信の地政学

4章 国際社会を揺らす火薬庫と化した4つの半島

5章 世界を激震させる起爆点となった4つの半島

6章 見えない火種がくすぶる4つの半島

装幀◉こやまたかこ
図版作成◉原田弘和

序章
半島はなぜ、いつも衝突の舞台となるのか？

なぜ、半島は「世界の火薬庫」と呼ばれるのか？

半島は、「世界の火薬庫」のようにいわれてきた。

半島が火薬庫と化し、世界の不安定要因になるのは、なんとも不思議ではある。半島の多くは小さく、内紛が多い。本来なら放っておけばよいのかもしれないが、大陸の大国にすれば、半島は内紛によって脆弱《ぜいじゃく》に映る。これが、曲者《くせもの》なのだ。

大陸の大国は、脆弱な半島をなんとかしてやろうと親心のようなものを見せて近づくこともある。あるいは、その脆弱なところを見て、大陸の大国が半島をひと呑《の》みにしてやろうともしてきた。

けれども、半島は外部に対しては脆弱でなかった。外部の大国が、半島の揉《も》めごとを解決したケースはじつに少ない。現在も、多くの半島には独立国家がいがみ合いながら存在し、大国の領土にはなっていない。

脆弱に映るのに、実態はそうでもない。この半島の不可解さは、偶然ではないだろう。半島が不可解であり、しばしば紛争の地となるのは、地政学や地理学から見れば、必然なのかもしれない。半島は、大ざっぱな言い方をすれば、ひとつの「統治不能の要塞《ようさい》」のようなものだからだ。

「統治不能」というのは、半島がえてしてその内部で多くの対立する地域を抱えているからだ。平野どうしの対立であったり、平野対山地勢力の喧嘩《けんか》であったりする。半島内がいくつもの国に分かれ、対立が対立を呼び、「憎悪《ぞうお》の半島」になることもある。歴史をさかのぼっても、ほとんど統一されたことのない半島だって存在する。半島は「統治不能」であり、対立構造が根深いから、事件が発生しやすい。

一方、半島は「要塞」のようなものでもある。征服者が半島にある首都をいったん陥落させるくらいならできるかもしれないが、完全な占領・統治は不可能だ。征服するほうは、どこかで半島がやっかいな「要塞」であることを知る。最後には、侵攻してきた大陸勢力が音《ね》をあげ、大火傷《おおやけど》まで負って、すごすご引き下がることになる。

半島は、大陸の大国でさえも消耗させてしまう「要塞」となっているのだ。

半島を「統治不能の要塞」にした地形的な特徴とは

半島が「統治不能の要塞」になってしまうのは、その地形によるだろう。

世界地図なり、日本地図なりを見れば、半島にひとつの共通点を発見できるはずだ。半島にはたいてい脊梁《せきりょう》山脈が何本もはしり、起伏に富む。山が海に迫《せま》る地帯も多く、大きな平野はなく、小さな平野や盆地が点在する。山があるということは、河川が多いということであり、河川の下流には湿地帯ができていく。

日本地図を見ると、紀伊半島や能登半島、伊豆半島、国東《くにさき》半島など、ほとんどの半島が「山がち」になっていることがわかるだろう。世界の半島もそうなっていて、朝鮮半島にしろ、バルカン半島にしろ、カリフォルニア半島にしろ、みな山地が多く、海岸部には狭い平野がある。

たまたまだと思われるかもしれないが、それはたんなる偶然ではない。半島に山地が多く、平野が少ないのは必然の結果だろう。半島は、太古の造山活動や地殻《ちかく》の活動の残滓《ざんし》のようなものだからだ。

半島のある地の多くは、かつての火山帯や、地球のプレート境界線付近にある。マグマが地表に噴《ふ》き出し、山々を形成していったとき、それが火山帯となる。

あるいはプレートの衝突により、大地が隆起《りゅうき》し山脈を形成する。火山活動の延長線上で大地震が発生し、地震によって隆起した山々もある。マグマの活動が静まったのち、大地が海の浸食を受けていったとき、地上に取り残されたのが、山脈、山地とその周辺の部分である。

　山脈、山地が大陸とつながったままだと、これが半島になる。大陸と切り離されていれば、日本列島のような島嶼《とうしょ》にもなる。だから、多くの島嶼も日本列島のようにたいていは山地が多く、山が海に迫り、小さな平野が点在している。

　たしかに、造山活動の影響を受けずに生まれた半島だってある。鳥取県の弓ヶ浜半島のように、川から流れ出た土砂によって砂州《さす》が形成されて半島化するケースもあるが、稀《まれ》である。多くの半島は、山地と小さな平野からなっているのだ。

　「統治不能」も「要塞」も、半島の地形が起伏に富むうえ、大きな平野がない地勢による。半島には、小さな平野や小さな盆地が至るところに点在する。ひとつの平野や盆地は山脈、山地によって、それぞれが隔《へだ》てられている。半島には山が多いから、河川も多く、河川もまた地域を分断していく。

　こうした半島の地形から生まれやすいのは、ミニ国家、部族国家である。ある小さな地域が血縁関係で固まっていくなら、独立色が強いあまりに、孤立し、排他的な地域にもなる。半島では平野や盆地ごとに独立した勢力、あるいは疑似独立勢力があり、中央政権があったとしても、彼らを完全に従えることはむずかしい。

本書で取り上げる半島

スカンディナヴィア半島
ユラン半島
バルカン半島
クリミア半島
タマン半島
アナトリア半島
コジャエリ半島
アラビア半島
イタリア半島
アフリカの角
インド半島
インドシナ半島
マレー半島
遼東半島
山東半島
朝鮮半島

ヨーロッパ半島
イベリア半島
カリフォルニア半島

多くの半島が「小さなアフガニスタン」を抱えている

「統治不能の要塞」である半島の特徴は、大陸の大平原と比べると、わかりやすいかもしれない。大陸では、大河流域の大きな平原に国が生まれ、まとまりやすい。勢力の拡大時に険しい山岳地帯が待ち受けていたとしても、そこは放《ほう》っておくか、時間をかけて吸収すればいい。たしかに大陸の平原には山地という防壁《ぼうへき》がないから、外敵の侵攻には脆《もろ》い。その一方、抜きん出た平野が中心になり、まとまりやすいのだ。

これに対して、抜きん出た大きな平野のない半島では、多くの場合、中枢となる地域が存在しない。抜きん出た地域がないから、半島では誰も主導権を握れない。主導権を握ろうとする地域が出てこようものなら、他の地域がそれをゆるさず、よってたかって袋叩きにされるだけだ。

この点は、半島とそっくりの地形を持つ島嶼も同じだ。列島の多くも、半島と同じく太古の造山活動の産物であり、「山がち」という点では半島も島嶼も同じなのだ。だから、島嶼も統一はむずかしい。日本列島を例にとるなら、長い時間をかけて統合を果たしていった稀なケースともいえる。その日本にあっても、関東はしばしば京都の政権を無視して、関東内で戦乱を繰り広げていたし、戦国時代という内戦を経験しなければならなかった。

豊臣秀吉や徳川家康による統一ののちも、中央集権はできなかった。彼らの力をもってしても、日本各地の大名を一つひとつ潰すことはできず、地方分権方式をとらざるをえなかった。19世紀後半、ヨーロッパ勢力の威嚇《いかく》という外圧にあって、日本は初めて地方分権を捨て、中央集権に移行できたのだ。

島嶼もそうなのだが、半島は「小さなアフガニスタン」を抱えている地といってもいい。アフガニスタンは、多くの山脈、山地に覆われ、ほとんど平野のない国だ。ご存じのように、アフガニスタンの中央政府は機能しているとはいえず、統治不能である。

その一方でアフガニスタンはアメリカ、ソ連、イギリスという大国の侵攻をはねのけ、屈辱を味わわせてきた「大国キラー」の地でもある。アフガニスタンもまた「統治不能の要塞」であり、半島にはそうした「小さなアフガニスタン」である山岳、山地がかならずある。ゆえに、半島も「統治不能の要塞」となっているのだ。

なぜ、半島にある国々は「ひとつにまとまれない」のか？

半島が、日本のような島嶼と決定的に違うのは、大陸と陸つづきであることだ。日本列島の場合、大陸から渡来する移民はそうはいない。何世紀にもわたって、鎖国同然でもありつづけることができたから、しだいにひとつの民族のようにまとまる。列島内で、言語も共通化されていく。

けれども、半島の場合、日本列島のようにひとつにまとまっていくことはない。大陸と地つづきのため、半島には異なる民族がやすやすと入りこんでくるからだ。

それも、異なる民族の流入は、一度きりでは終わらない。大陸で紛争でもあろうものなら、半島はひとつの「逃げこみ場」にもなる。半島には何度も異民族が入ってきて、半島の平野や盆地に定着しはじめる。異民族が異なる宗教や習俗を持っていれば、半島には異なる宗教や習俗も入ってくる。半島には強力な中央集権などないから、異民族の流入を止めることはできない。

これが平原の多い大陸なら、異民族は侵攻しても、容易には定着できない。周囲と隔絶《かくぜつ》した平野や盆地がないから、立て籠《こ》もれる場所がない。最後には追い払われるか、滅ぼされるか、同化させられるかだ。

半島の場合、そうはならないから、半島は「出口のない混沌《こんとん》」ともなる。大陸であるなら、東西南北のどこかに複数の出口がある。半島の場合、陸とつながる出入り口は一方向しかない。半島に入りこんだら、そう簡単に出ていくこともできないのだ。

先に半島に入った集団は、往々にしてあとから半島に入った集団の圧力を受け、半島の先端に追いこまれていく。となると、海洋渡航の技術を持っている集団でないかぎり、半島からは出ることができなくなる。

「出口のない混沌」がもたらすのは、民族と宗教のモザイクである。この先、異なる民族同士が共生できるならいいのだが、異なる民族同士は理解しあうのがむずかしい。えてして対立しがちであり、対立は対立を呼び、半島は果てしない紛争地帯になりやすいのだ。

「多民族・多宗教」も半島の混沌を生む一因になる

半島がいかに統治不能であり、統合も不能であるかは、インドを見ればわかってくるのではないか。

インドは、「亜大陸」といわれるように一種の大陸でもある。その一方、ユーラシア大陸という視点から見るなら、一種の半島である。インドの三方は海であり、北でユーラシア大陸と地つづきになっている。インドは、巨大な半島としての側面を持っているのだ。

インド半島の歴史は、「統合不能の歴史」である。古代のインダス文明があり、マウリヤ朝、クシャーナ朝、サータヴァーハナ朝などがあった。そこからインドには早くから統一王朝があったとイメージしがちだが、そうではない。19世紀になるまで、インド半島を統一した王朝は出ないままであった。16世紀に登場したムガル帝国にしろ、インドの南部までは版図《はんと》に入れていない。

インド半島にはデカン高原があり、山がちである。まさに半島らしい起伏に富んだ地形であり、地方ごとに独立勢力がしっかりと根を張りやすかったのだ。

そこが、インドと中国の違いである。中国大陸の中心には大きな山脈がないから、中国大陸の平原のみなら統一は早くにできた。山地の征服をずっと後回しにすることで、統一国家を達成できた。一方、インドは「半島国」である。半島国の宿命で、インドの統合・統治はむずかしかったのだ。

インド半島の大きな特徴は、古代から多くの民族と宗教の流入が絶えなかったことだ。とくにイラン、アフガニスタン方面からの流入は多く、まずはドラヴィダ人が流入、つづいてアーリア人が中央アジア方面から流入し、インドにバラモン教を成立させている。バラモン教からは、仏教とヒンドゥー教が枝分かれした格好になっている。

10世紀頃からインドに新しく流入したのは、アフガニスタン方面からのチュルク系やモンゴル系の民族である。彼らはイスラム化されていて、13世紀以降、インド北部にはイスラム王朝がいくつも登場する。その仕上げがムガル帝国となり、インドはヒンドゥー教とイスラム教の同居する地にもなっている。

こうして、インド半島に多くの民族や宗教が流入することで、インド半島には多くの民族と宗教が存在することになった。南方には、早くにインド半島に流入してきたドラヴィダ人が多い。インドの最大の宗教はヒンドゥー教だが、同時にインドは世界で3番目にイスラム教徒の多い国となった。

彼らが共存しているかといえば、そうではなく、インドでは宗教や民族の違いにより紛争もあったし、独立地帯も生まれていた。そのため、19世紀までインド半島は統一がなされないままだった。インド半島を統一したのは、インドを植民地化していったイギリスである。イギリスの巧妙で狡猾《こうかつ》な手法と、殺傷力の高い兵器によって、ようやくインド半島は統一されたのだ。

インド半島はその宗教の違いにより、分裂も経験する。20世紀後半、イギリスから独立を果たしたのち、ヒンドゥー教のインド、イスラム教のパキスタンとバングラデシュが成立している。その分裂は、半島国家でもあるインドの統治、統合の困難を象徴しているだろう。中枢のない半島では、統一がむずかしい。とくに内からの統一は至難であることを示唆《しさ》しているのだ。

大国が半島を「完全に征服することが困難」なわけ

半島の統治・統合はむずかしい。これを別の見方をするなら、半島は「天然の要塞」に近いのだ。造山運動によって形成された半島は、起伏が激しく、小さな平野や山地が点在する。急峻《きゅうしゅん》な山々や急流によって地域は隔てられ、これらはすべて、半島をある意味で要塞化するパーツとなっている。

たしかに、大陸の大国が半島に攻め入るなら、首都くらいは占領できるかもしれない。けれども、占領は長つづきしないのが常である。首都を落としても、半島を従えたことにならないからだ。半島内部はバラバラであり、首都以外の地域は、首都が陥落しようとしまいと、大陸からの征服者を歓迎しない。半島内の各地域は、それぞれが征服者への反発を強め、戦争も厭《いと》わない。

そこから先、半島を征服しようとした大国は難渋《なんじゅう》を味わう羽目になる。半島を征服するには、一つひとつの独立地帯を完全掌握《しょうあく》していくしかないのだ。しかも、険しい山を越えたり、急流を渡ったりしなければならない。山間に進めば、敵はどこから攻撃してくるかわからない。半島の征服・統治は、おそろしく手間のかかる作業であり、多くの犠牲を出す結果を招きがちだ。要塞である半島の前に、大陸の大国であっても、すごすごと引き下がるしかない。

これが、半島ではなく、島なら放っておいてもかまわないだろう。すでに述べたように、山がちで起伏に富むという点では、「半島」も「島」も同様であり、島も半島同様にひとつの「要塞」である。ただ、動力船の発達した近世になるまで、大陸の勢力が、島を重視することはそれほどなかった。大陸からすれば、放っておいてもよい程度の存在にすぎなかった。だから、日本は長いあいだ、東アジアの歴史とは無関係で過ごすこともできたのだ。

けれども、半島となるとそうはいかない。半島が、大陸と一方で陸つづきになっているからだ。大陸と半島とでは、否《いや》でも応でもお互いに影響し合う。大陸の大国が領土欲に駆《か》られて、半島に攻め入るケースだってある。半島の紛争に大陸の大国が巻きこまれていくことだってある。

けれども、大陸が半島を完全征服することは稀である。たいていは、痛い目に遭って、半島から手を引く。半島は「要塞」のまま、残りつづけるのだ。

朝鮮半島の歴史が物語る「半島統治のむずかしさ」とは

半島がいかに難攻の「要塞」であるかは、朝鮮半島を見れば明らかだろう。朝鮮半島の国々は大陸からは小国扱いされるし、日本人も、朝鮮半島に大国に翻弄《ほんろう》される悲哀《ひあい》を見がちだ。

けれども、朝鮮半島がその長い歴史のなかで、外部勢力に直接統治された時代は、数十年しかないのだ。中国や満洲（いまの中国東北部）の王朝に属国扱いされても、彼らの完全支配下に置かれた時代はまったくない。

直接統治していたのは、20世紀前半の日本くらいなものだ。13世紀、モンゴル帝国も朝鮮半島に侵攻し、支配下に置いていたが、完全な直接統治ができていたわけではない。モンゴル帝国も、高麗《こうらい》の王室に統治を委《ゆだ》ねなければならなかったのだ。

このように日本統治時代、モンゴル支配時代を除いては、朝鮮半島は不落である。中世に隋帝国、唐帝国がいくたびか朝鮮半島から満洲にある高句麗《こうくり》を征討しに出ているが、失敗の繰り返しである。朝鮮半島遠征のたび重なる失敗が原因となって、隋は崩壊さえしている。そんなわけで、漢族の中国王朝は懲《こ》りていた。彼らは朝鮮半島の征服をあきらめて、朝貢《ちょうこう》による従属国化で満足せざるをえなかった。

朝鮮半島と陸つづきの満洲の勢力でも、同じである。満洲にあったジュルチン（女真《じょしん》）たちは、しばしば朝鮮半島の王朝と国境を争った。彼らは南下したかったようだが、南下は容易ではなかった。

17世紀、満洲に清帝国を建てたホンタイジの時代になって、ようやく満洲の騎兵は朝鮮半島に本格侵攻する。この侵攻により李氏朝鮮はホンタイジに屈伏《くつぶく》させられるが、朝鮮半島全土の征服をゆるしたわけではない。ホンタイジとて、朝鮮半島を従属させることで満足するほかなく、それ以上の征服などできなかったのだ。

半島の征服には、膨大《ぼうだい》な時間を要する。日本が朝鮮半島にかかわり、直接統治に及ぶまでは、およそ半世紀かかっている。朝鮮半島の高麗を屈伏させたモンゴル帝国にしろ、その侵攻は30年近くにも及んだ。何十年もの時間をかけて侵攻、浸透しないかぎり、「要塞」である朝鮮半島全体は容易には屈伏しないのだ。

朝鮮半島の統治がいかにむずかしいかは、16世紀後半、豊臣秀吉による朝鮮半島侵攻が物語っている。最初の侵攻である文禄《ぶんろく》の役では、朝鮮半島を突っ切るまでの進撃を見せたが、兵站《へいたん》がつづかなかった。明帝国軍の登場もあって、豊臣勢は征服領域を減らす一方となってしまった。

おそらく、文禄の役を経験した日本の武将たちは、このとき朝鮮半島が手強《てごわ》い「天然の要塞」であると知ったと思われる。2度目の侵攻である慶長《けいちょう》の役で彼らがとった手法は、戦国大名としての領国統治と同じものである。つまり、武将たちはそれぞれ朝鮮半島南部に「倭城」と呼ばれる城を築き、倭城を拠点としながら、一つひとつの村の確保にかかっている。年貢を安くするといった条件を提示すれば、村人たちも日本側の統治を選んだ。

豊臣秀吉の死によってこの試みは終わるが、こうした地道な統治をしていかなければ朝鮮半島は手中にできないと、日本の武将たちは考えたのである。

朝鮮半島のケースから明らかなように、半島の征服・経営はじつに至難である。狡猾な大国は、半島経営のむずかしさを知っているから、半島には手を出さないのではないだろうか。あるいは、イギリスのインド半島支配のように時間をかけるかだ。

なぜ、半島をめぐる戦いは「世界を巻きこみやすい」のか?

「統治不能の要塞」である半島は、つねに内部大陸を抱え、勢力争いを繰り広げている。それが半島内で済んでいるうちは、世界には何の問題もない。他の地域の住人にとっては、ニュースのネタくらいにしかならない。けれども、半島の紛争は、えてして大国をも巻きこむ。半島は、世界を巻きこんでの戦争に火を点《つ》けかねないのだ。

半島の紛争、揉めごとが世界を巻きこむのは、半島内に「大国と通じよう」という国や勢力が往々にして登場するからだ。ある勢力が半島内で劣勢に立たされたとき、あるいは孤立していったとき、形成逆転を狙って、大国の支援を得ようとするのだ。

そして大国は、往々にして半島からのこうした支援要請を受けてしまう。そこには、弱き者への同情や義《ぎ》侠心《きょうしん》も、勢力拡大の下心もあるだろう。半島を弱い存在と見なすことで、半島へ深入りしはじめてしまうのだ。

こうして、ひとつの大国が半島のある勢力を支援しはじめると、対立する勢力は別の大国と通じ、その勢力を引き入れようとする。半島内の争いに複数の大国が首を突っこんでいくうち、いつのまにか半島内の争いを超えて、大国同士の争いとなる。大国同士が退《ひ》くに退けなくなっていくと、半島のみならず、半島の外でも大戦争に至ってしまう。

これまで、多くの半島が大国を引き入れ、大国同士の戦場にもなってきた。そのひとつの典型が、イタリア半島だろう。イタリア半島で、大国をしばしば引き入れてきたのは、ローマ教皇である。中世、ローマ教皇はイタリア半島内でその立場が弱くなったとき、大国を用心棒として招いた。とくにドイツ王を神聖ローマ皇帝として戴冠《たいかん》させることで、イタリア半島にしばしば引き入れ、後ろ楯《だて》としていた。

ただ、ドイツ王がイタリア半島までも欲するようになると、ローマ教皇はドイツをイタリア半島から追い払うために、フランスの勢力を引き入れている。フランスに占領されたシチリアの住人は、今度はフランスを追い払うために、イベリア半島のアラゴン王国を引き入れている。

こうした外国勢力のイタリア半島への引き入れは、ルネサンス期にもつづいている。ローマ教皇はドイツ、スペイン、フランスの勢力を無節操《むせっそう》に引きこんだ結果、イタリア半島を大国の戦場にしてしまい、イタリア半島の分裂を深めている。

大国が半島奪取にこだわる「もうひとつの理由」とは

半島は侵攻のむずかしい「要塞」なのだが、それでも大陸の勢力は半島をしばしば欲する。ひとつには、半島が海への出口、海洋支配の拠点となるからだ。

多くの半島は、三方が海に面しているうえ、半島には天然の良港が多い。それは、半島が造山運動から成り立ったことに由来する。半島内の山が海に迫るような土地は、遠浅《とおあさ》ではなく、一気に深くなっている。大型船の基地になる良港の地なのだ。

たとえば、イタリア半島には、ジェノヴァ、ナポリ、ピサ、アマルフィといった天然の良港がある。日本にしろ、旧海軍の根拠地となった横須賀（神奈川県）は三浦半島にあり、佐世保（長崎県）は北松浦半島にある。呉《くれ》（広島県）だって、半島のような地形上にある。

半島に良港があるということは、半島を制した者は周辺の海を制することにもつながる。と同時に、半島の良港は海上交易の中心となり、その地域や国に莫大《ばくだい》な富をもたらす。

逆に、ライバル国としては、新たな海洋国家としての野心を持つ勢力に半島を渡したくはない。そこからはじまるのが、半島をめぐる戦争だ。近代では、ロシアは半島の要塞をめぐる戦争を2度も体験し、2度とも敗れている。

19世紀、ロシアが欲していたのは、南下するための良港である。そのひとつが、クリミア半島のセヴァストポリだ。ロシアはオスマン帝国からクリミア半島を奪ったのち、ここにセヴァストポリ軍港と難攻不落の要塞を建設した。

そこから先、クリミア戦争がはじまる。イギリス、フランスは、ロシアの黒海支配を阻止するため、オスマン帝国に与《くみ》し、セヴァストポリ要塞の攻略にかかった。戦いは英仏の勝利となり、いったんセヴァストポリは軍港機能を消失している。

つづいては、20世紀初頭の日露戦争である。すでにロシアは、遼東《リャオトン》半島の旅順に軍港と強固な要塞を建設していた。

日露戦争で、日本に問われたのは黄海、日本海の制海権である。日本海軍は旅順のロシア艦隊を撃滅することを第一目的としたが、ロシア海軍は旅順港に逃げこんだままである。そこにバルチック艦隊の極東遠征が決まったから、日本海軍は旅順艦隊とバルチック艦隊に挟撃《きょうげき》されかねない。

そこから先、日本海軍は旅順艦隊を陸から攻撃するため、陸軍に旅順要塞攻略を要請、凄惨《せいさん》きわまりない旅順要塞攻防戦がはじまっている。遼東半島の旅順攻防戦こそが、日露戦争の最大の焦点にまでなってしまった。クリミア戦争、日露戦争の半島での戦いを見てみると、半島は人を殺傷していく「吸血の地」となったことがわかる。

世界の「チョークポイント」にもなっている半島

海洋覇権に興味を持つ大国が半島に強い関心を持つのは、半島が地域のチョークポイント（戦略的に重要な海上水路）を形成しているケースがあるからだ。その典型が、トルコのイスタンブールだろう。

イスタンブールは、ヨーロッパとアジアの結節点《けっせってん》といわれる。主要市街は、バルカン半島の南西の端《はし》に位置し、バルカン半島から突き出た半島の先端にある。ボスポラス海峡を挟んで、対岸にはコジャエリ半島がある。

ボスポラス海峡は黒海とマルマラ海を結び、マルマラ海からチャナッカレ（ダーダネルス）海峡を抜けると、エーゲ海、地中海となる。つまり、イスタンブールは黒海と地中海を結ぶチョークポイント上にある。黒海と地中海の交易を成立させる、させないは、イスタンブールの意思にかかってくるのだ。トルコがイスタンブールのあるボスポラス海峡を封鎖すると、ロシアの黒海の海軍や船団は地中海、さらには大西洋には出られない。

ちなみに、チャナッカレ海峡のエーゲ海の入り口にあったのが、トロイである。古代のトロイは、チョークポイント上に存在していたから、ギリシャに狙われたのだろう。

マレー半島の先端にあるシンガポールも、イスタンブールと同じく世界レベルのチョークポイントになっている。シンガポールはシンガポール島にあり、厳密には半島ではなく、島である。ただ、マレー半島とは狭いジョホールバル水道を隔てているだけで、往来も簡単だ。その点、シンガポールは、半島の突端《とったん》のような存在である。

シンガポールの対岸には、マラッカ海峡を挟んで、インドネシアのスマトラ島がある。

マラッカ海峡は、太平洋とインド洋を結ぶ狭い海峡であり、インド洋から東アジアへの最短航路になっている。シンガポールのあるマラッカ海峡が封鎖となると、中東の原油はスンダ海峡やマカッサル海峡への迂回《うかい》を経て東アジアへ届けられることになり、これは東アジアでの原油価格高騰を引き起こしかねない。

半島がチョークポイントを形成しやすいのは、半島が海に向かって大きく突出《とっしゅつ》するケースがあるからだ。半島の先端部と対岸が狭い海峡をつくっていったとき、半島はチョークポイントとなる。

大国はもちろん、多くの国は、チョークポイントとなる半島を有する国家には安定を求める。現在のところ、イスタンブールのあるトルコやシンガポールは安定した国家になっているが、トルコやシンガポールの政治情勢が流動化すれば、ボスポラス海峡やマラッカ海峡も不安定になってしまうのだ。

なぜ、半島を統一した勢力は「大国化しやすい」のか?

「統治不能の要塞」である半島は、つねに流動状態にある。地域はまったくバラバラであり、対立を繰り返しているが、時に「統治不能」であるはずの半島が統一されることがある。このとき、半島は大国化しやすい。

それは、イタリア半島を制した古代ローマが典型だろう。古代ローマは、もともとは強国でも何でもなかった。イタリア半島の一地域にある勢力で、エトルリア人の勢力のほうが大きかった。山岳部には、サムニウム人がいた。古代ローマではエトルリア人と戦い、敗れるたびに学び、ついにはエトルリアを屈伏させた。

サムニウム人との戦いも勝ったり負けたりであったが、最後にはローマの組織力がサムニウム人を破った。こうしてローマはイタリア半島の大勢力となり、イタリア半島の他の都市国家を同盟市として従えるほどになる。

以後、ローマは大国化をはじめる。地中海の女王といわれた強敵カルタゴを滅ぼし、ギリシャを手中にし、イベリア半島の一部も切り取る。地中海を制したローマはアルプスを越え、ガリア（いまのフランス）にも浸透、バルカン半島を北上していった。

ローマがこうして大帝国となりえたのも、ひとつにはイタリア半島を統一できたからだろう。それまで半島内部の抗争に消費されてきた力を結集し、外に向けることができるようになったのだ。

もともと古代において、イタリア半島には都市国家が多く、地中海では、多数の人口を抱えていた地域と思われる。つまり、潜在力はあった。ローマがイタリア半島を統一すれば、その潜在力をまとめて自由に使える。多数の人口を外に向けられるから、ローマによる大征服が可能になったのだ。

同じようなケースは、イベリア半島にもいえる。中世までイベリア半島そのものが統一されることはなく、イスラム勢力とキリスト教徒の戦いがつづいた。キリスト教徒の国がいくつも存在しながら、イスラム勢力という共通の敵と戦うことで、まとまっていった。

15世紀、イスラム勢力をほぼ追い出したとき、アラゴン王国とカスティリャ王国が統合され、スペインとなる。イベリア半島にスペイン、ポルトガルというまとまった統一国家が出現したとき、内に向けられていた力は外に噴出《ふんしゅつ》される。それが、スペイン、ポルトガルによる海洋進出となったのだ。

半島とよく似ているのは、遊牧国家である。遊牧国家では部族同士の対立が日常茶飯事であり、まとまることがない。だから、卓越《たくえつ》した指導者が出ないかぎり、遊牧民族の急速な拡大はないとされる。けれども、チンギス＝ハンに代表されるような傑出《けっしゅつ》した指導者が登場すると、遊牧国家はその内向きのパワーを外に発散し、大帝国だって築く。大陸ばかりか、海さえも越えようとする。半島には、遊牧国家と通じるところがあるのだ。

1章

バルカン半島に見る大国衰亡の地政学

ユーゴスラヴィア崩壊が証明した、バルカン半島の混沌

バルカン半島は、19世紀以降、紛争の絶えない半島になってしまっている。現在もセルビアはコソヴォを狙いつづけ、コソヴォには国連軍が常駐している。

バルカン半島は東ヨーロッパの一部を形成する、広大な半島である。東では黒海、エーゲ海に面し、西ではアドリア海、イオニア海に面している。

バルカン半島には現在、ギリシャ、北マケドニア、アルバニア、ボスニア＝ヘルツェゴヴィナ、セルビア、モンテネグロ、コソヴォ、クロアチア、スロヴェニア、ブルガリア、ルーマニア、トルコなどがある。ハンガリー、モルドバまでも含めるなら、十数の国がある。これだけ多くの国がバルカン半島にあれば、それぞれが対立してもおかしくない。

バルカン半島は、多くの半島がそうであるように「統治不能」である。その特徴は、かつて存在した「ユーゴスラヴィア」の解体が象徴している。ユーゴスラヴィアは、20世紀前半に誕生し、21世紀初頭には雲散霧消《うんさんむしょう》してしまった。ユーゴスラヴィアとは「南スラヴ人の国」という意味であり、南スラヴ、つまりバルカン半島のスラヴ人たちを統合しようという国家であった。

バルカン半島

ユーゴスラヴィアのルーツは、1918年に誕生した「セルビア人・クロアチア人・スロヴェニア人王国」である。潜在的に対立するセルビア人とクロアチア人が、共同して同じ国をつくろうとしたのだ。当時、スラヴ人は一体であるという民族主義があり、その高揚感と夢が、ひとつの実験国家「ユーゴスラヴィア」となったようだ。

ユーゴスラヴィアは、6つの共和国、5つの民族、4つの言語、3つの宗教を有する多様性のある国家とされてきた。6つの共和国とは、スロヴェニア、クロアチア、ボスニア＝

ヘルツェゴヴィナ、セルビア、モンテネグロ、マケドニアだ。5つの民族とは、スロヴェニア人、クロアチア人、セルビア人、モンテネグロ人、マケドニア人であり、ほかに少数民族も少なくない。4つの言語とは、スロヴェニア語、クロアチア語、セルビア語、マケドニア語。3つの宗教とは、カトリック、東方正教、イスラムである。

ユーゴスラヴィアはその多様性の共存を目指したのだが、多様ゆえに、多難な国家であり、1990年代から解体がはじまる。スロヴェニア、クロアチア、ボスニア＝ヘルツェゴヴィナ、セルビア、モンテネグロ、北マケドニアの6つの地に分かれ、新たにコソヴォも独立している。

結局のところ、ユーゴスラヴィアがもともと目指したスラヴ民族主義は、統合理念にはならなかった。スラヴという概念ではひとつの集合体とはなりえず、細分化《さいぶんか》され、セルビア民族主義、クロアチア民族主義などに変わってしまった。

ユーゴスラヴィアは途中から社会主義国に変身して、社会主義の理念のもと統合を目指した。平等をうたう社会主義では、民族というものは「ない」という建前をとる。

社会主義は民族を超えた統一理念であるとして、ユーゴスラヴィアはユーゴスラヴィア共産党指導者のティトーによる独裁社会主義国家となる。しかし、ティトーが没すると何の強制力もなくなる。社会主義は、異なる民族をまとめる理想にはならなかった。ユーゴスラヴィアでは、それぞれの民族が対立しながら、空中分解してしまったのである。

なぜ、一体化していたユーゴスラヴィアは空中分解した？

ユーゴスラヴィアが崩壊したとはいえ、それでも数十年もつづいたのは、ティトーのカリスマ性もさることながら、第2次世界大戦にあってナチス・ドイツと戦ったからだろう。さらには、スターリンのソ連と対立したからだろう。

第2次大戦下、ドイツはユーゴスラヴィアにも侵攻したが、ティトーを中心とするパルチザン（ユーゴスラヴィア共産党率いる人民解放戦線軍）の抵抗は激烈であった。ユーゴスラヴィアの住人は、それまでバルカン半島内に向けてきた敵愾心《てきがいしん》、憎悪《ぞうお》をドイツという外敵に向けることができた。ナチス・ドイツに対する敵愾心と憎悪でまとまることができたから、一時的には一体感があったのだろう。

戦後、ティトーのユーゴスラヴィアは、スターリンのソ連とも対立している。ティトーは、ブルガリア、アルバニアまでもユーゴに加える腹づもりであった。スターリンは、これが気にくわなかったようだ。ユーゴスラヴィアは、ナチス・ドイツを破った最強のソ連とも対峙《たいじ》することで一時的にまとまることができた。

この時代、ユーゴスラヴィアには、大国の侵略をゆるさない強い独立心、闘争心があったと思われる。ユーゴスラヴィアでは、少年、少女にまで小火器の取り扱い方を教え、戦士として育てていった。

けれども、ソ連にスターリン批判で知られるフルシチョフが登場すると、ユーゴスラヴィアはソ連と和解の方向に動く。ユーゴスラヴィアが強大な外敵を失い、1980年にティトーまで失ったとき、もはやユーゴスラヴィアをまとめるものは何もなかった。

しかもユーゴスラヴィアでは、誰もが銃器を扱える戦士になっていたから、いざ内向きになると、その銃口は内に向けられる。訓練された者同士が戦うから、たくさんの死者が出る凄惨《せいさん》なものになる。その凄惨さがさらなる憎悪を呼び、ユーゴスラヴィアは解体していったのだ。

ユーゴスラヴィアの崩壊は、バルカン半島の混沌《こんとん》を象徴する。バルカン半島は多くの地域に分かれ、地域ごとに分断されている。もともと「統治不能の半島」であり、ユーゴスラヴィアの実験は、失敗が十分に予測されたものだ。

バルカン半島が「統治不能」なのは、ひとつには多くの山地があるという半島特有の事情による。東ヨーロッパを見ると、ハンガリーより以北には平原が広がる。ところが、クロアチアやルーマニア以南、バルカン半島を形成する地帯には、トランシルヴァニアアルプス山脈、ロドピ山脈、バルカン（スタラー）山脈、ディナルアルプス、クライシュテ山脈など、さまざまな山脈が点在し、山がちになる。

数々の山脈は小さな平野や盆地を生み出し、平野や盆地は孤立しがちである。平野での闘争に敗れた者らは、山間に逃げこみ、ここに定住していく。征服者も、山間まで軍を送り、従わせるには、多大な犠牲が必要なことを悟る。山間には、独立色の強い地域が多々生まれることにもなる。こうして地域が分断され、バルカン半島は地域と民族の対立の地となっていったのだ。

バルカン半島内の対立の「奥底にあるもの」とは

バルカン半島の対立で、もっとも深刻なもののひとつはクロアチア人とセルビア人、ボシュニャク（ボスニア）人の対立であるだろう。

20世紀を通じて、クロアチア人とセルビア人は互いに殺し合ってきた。とくに第2次世界大戦下、クロアチアのファシスト組織ウスタシャは、ナチス・ドイツと手を組み、セルビア人を虐殺してきた。20世紀末のボスニア=ヘルツェゴヴィナ紛争では、セルビア人がボスニアのボシュニャク人の民族浄化を進めてきた。

じつのところ、セルビア人とクロアチア人、ボシュニャク人は民族的にはほぼ変わらない。言語も、かなり似ている。それなのに根深い対立がつづくのは、宗教の違いからだ。クロアチアの住人はローマ・カトリックを信仰し、セルビアの住人は東方正教を信じ、ボシュニャク人はキリスト教からイスラム教へと改宗していた。

ローマを中枢とするカトリックと、ギリシャを中心とした東方正教の対立は、容易に解けるものではない。ともに相手の信仰のあり方を邪悪だと思っている。また、カトリック、東方正教信者も、ともにイスラムに対して敵視を隠さない一面がある。その宗教的な感情によって、相手を異なる邪悪な他者と見なす方向に傾き、民族対立となっていったのだ。

同じバルカン半島の西北部に居住しながら、クロアチア人、セルビア人、ボシュニャク人の宗教が違ってしまったのは、バルカン半島の置かれた地政学的事情にもよるだろう。

バルカン半島に分断を生んでいるのは、地域が山々によって隔《へだ》てられるという複雑な地勢からのみではないようだ。バルカン半島は、その東西を巨大な勢力に取り囲まれやすく、巨大な勢力の影響を受けやすくなり、これがまた半島を分断、寸断しているのだ。

バルカン半島の西には、アドリア海を挟んで、イタリア半島がある。イタリア半島には浮き沈みの時代があるが、早熟な文明、文化を築いてきた。古代ローマ帝国は、バルカン半島を征服し、バルカン半島にローマ的なものを残してきた。

その後も、イタリア半島はクロアチアやボスニアなど、バルカン半島のアドリア海沿岸に文化的影響を与えてきた。イタリア半島にはローマ教皇庁があり、カトリックに染まっている。対岸のクロアチアやボスニアの住人がカトリックを信仰するようになったのも、その延長線上の話だ。

ただ、イタリア半島の影響力は、バルカン半島の内陸までは及びにくい。内陸となると、バルカン半島の東南端にあるイスタンブールを根拠地とする勢力の影響を受けやすい。

イスタンブールは東西交易の要衝《ようしょう》であり、古くから栄えてきた。ローマ帝国の都にも選ばれ、ローマ帝国の分裂後は、東ローマ（ビザンツ）帝国の都ともなる。ビザンツ帝国とバルカン半島のスラヴ人たちは争う関係にあったが、その一方、スラヴ人たちはビザンツ帝国の文化の影響圏にも入っていた。だから、内陸のセルビアの住人は、ビザンツ帝国の奉ずる東方正教を信仰するようなった。

15世紀にそのビザンツ帝国を滅ぼしたオスマン帝国は、イスラム国家である。オスマン帝国は、バルカン半島の大半を征服した。オスマン帝国はバルカン半島統治にあたって、イスラム教への改宗を住人に強《し》いなかったが、オスマン帝国はバルカン半島に強い影響を持ちつづけてきた。

このオスマン帝国下の時代、ボスニアのカトリックはイスラム教に改宗している。もともとボスニアのカトリック信仰は、ローマ教皇庁から異端視されてきたから、彼らはカトリックの支配から逃《のが》れたかったのだ。彼らは「ボシュニャク人」といわれるようになる。

このように、バルカン半島は東西に巨大な文化圏を有することで、半島の西側と内陸とでは別の文化を持つことにもなった。別の文化、宗教を持ってしまうと、もともとは同じ民族であっても、違う民族に見えてくる。バルカン半島では、地勢の複雑さと文化圏の違い、あるいはその濃度の差から、新たな民族を生み出しやすい。

その異なる民族は、外見では同じだから、ここに近親憎悪も働きやすい。バルカン半島は民族対立を生みやすく、亀裂を深める一因にもなっているのだ。

民族主義が「新たな民族マケドニア人」を生み出した

バルカン半島の宿痾《しゆくあ》になってしまった民族対立だが、じつは新しいものである。19世紀になってバルカン半島で噴出《ふんしゅつ》しはじめ、「○○民族」「○○人」を新たに生み出してもいる。19世紀初頭まで「統治不能」なはずのバルカン半島を支配し、まとめてきたのは、オスマン帝国だ。それはバルカン半島の歴史でもめずらしい時代であったが、19世紀はオスマン帝国の衰退期であった。その衰退に合わせるかのようにバルカン半島では民族主義が盛り上がる。

バルカン半島で、まずオスマン帝国から独立したのはギリシャである。そのギリシャの独立をイギリスやフランスは支援した。イギリス、フランスにすれば、ギリシャはヨーロッパ文明の揺籃《ようらん》の地に見えた。

そのギリシャが異教徒であるイスラム勢力と戦おうとしているのだから、彼らはバルカン半島の内実を問うことなく、ギリシャを支援した。これにより、1830年、ギリシャは独立を果たしている。

ギリシャの独立は、バルカン半島内で、パンドラの箱を開けたようなものだった。ギリシャの独立を見たバルカン半島の住人は、以後、各地で蜂起《ほうき》しはじめる。以後、オスマン帝国はバルカン半島でたびたび敗れ、多くの国がオスマン帝国の支配から離脱していった。

20世紀はじめ、第1次バルカン戦争（50ページ参照）にまたもオスマン帝国が敗れたと

19世紀のバルカン半島

き、オスマン帝国はバルカン半島においてほぼ影響力を失う。その先にあったのが、バルカン半島内部での民族対立であった。

バルカン半島内には、たしかに多くの民族が混在していた。民族が多ければ対立するのは当然かもしれないが、19世紀以降のバルカン半島は新たな民族まで生み出している。そのひとつが、「マケドニア人」である。

マケドニアは日本人にはあまり関心のない地名だが、バルカン半島の複雑さ、ややこしさを象徴する。現在、北マケドニアにはマケドニア人、アルバニア人、トルコ人、ロマ、セルビア人らがあり、バルカン半島の縮図《しゅくず》にもなっている。

その「マケドニア人」だが、19世紀になるまで、その呼び名は存在しなかった。マケドニアにあったスラヴ系住人は、隣のブルガリア人のなかに組み入れられていた。両者の話す言葉は、ほぼ同じであった。

マケドニアといえば、古代にアレクサンドロス3世（大王）が登場した地域名だが、古代から一地方という見方しかなかった。そこにいる住人が「マケドニア人」だとは、誰も認識していなかった。

それが変わるのは、オスマン帝国支配下の19世紀以降である。民族主義の時代になって、マケドニア地方では自らがマケドニア人ではないかという民族意識が生まれ、オスマン帝国からの独立を目指す一派も登場しはじめてからだ。マケドニアという地名は古くから存在しても、「マケドニア人」という概念はじつは新しいのだ。

〝新たな民族〟が〝新たな国家〟を誕生させた背景

バルカン半島の民族主義はバルカン半島を分断し、紛争の原因となり、先の「マケドニア人」を生み出した。そのマケドニア人の住むマケドニアの争奪が、バルカン半島の亀裂を深める一因にもなっている。

先述したように、マケドニアのスラヴ系住人は、ブルガリア人の仲間と見られていた。

そのため、ブルガリアがマケドニアを強く欲するようになり、ブルガリアのマケドニア欲求がバルカン半島内の戦争の数々にもつながっているのだ。

19世紀後半、ロシア=トルコ戦争が起きたときだ。ロシアの支援を得たブルガリアは、念願のマケドニアを占領し、「大ブルガリア」をいったんは打ち立てている。けれども、大ブルガリアはバルカン半島で突出《とっしゅつ》しすぎていたし、ブルガリアの背後にいるロシアの勢力拡大をイギリスやオーストリアは嫌った。

これにより、ブルガリアはマケドニアを放棄させられ、オスマン帝国に戻されている。これが、ブルガリアの恨みとなる。

マケドニアがオスマン帝国の支配から離れるのは、1912年にはじまった第1次バルカン戦争によってである。セルビア、モンテネグロ、ブルガリア、ギリシャが、オスマン帝国を撃ち破った戦いで、オスマン帝国はイスタンブール周辺を除いては、バルカン半島から除外されてしまう。

この第1次バルカン戦争が、またもマケドニア問題を生んでいた。マケドニアをどの国が得るかで、ブルガリアとギリシャ、セルビアなどが対立した。ブルガリアにしてみればマケドニアは同じブルガリア系の居住する地なのだが、ギリシャは古代からマケドニアを

2度にわたるバルカン戦争の関係図

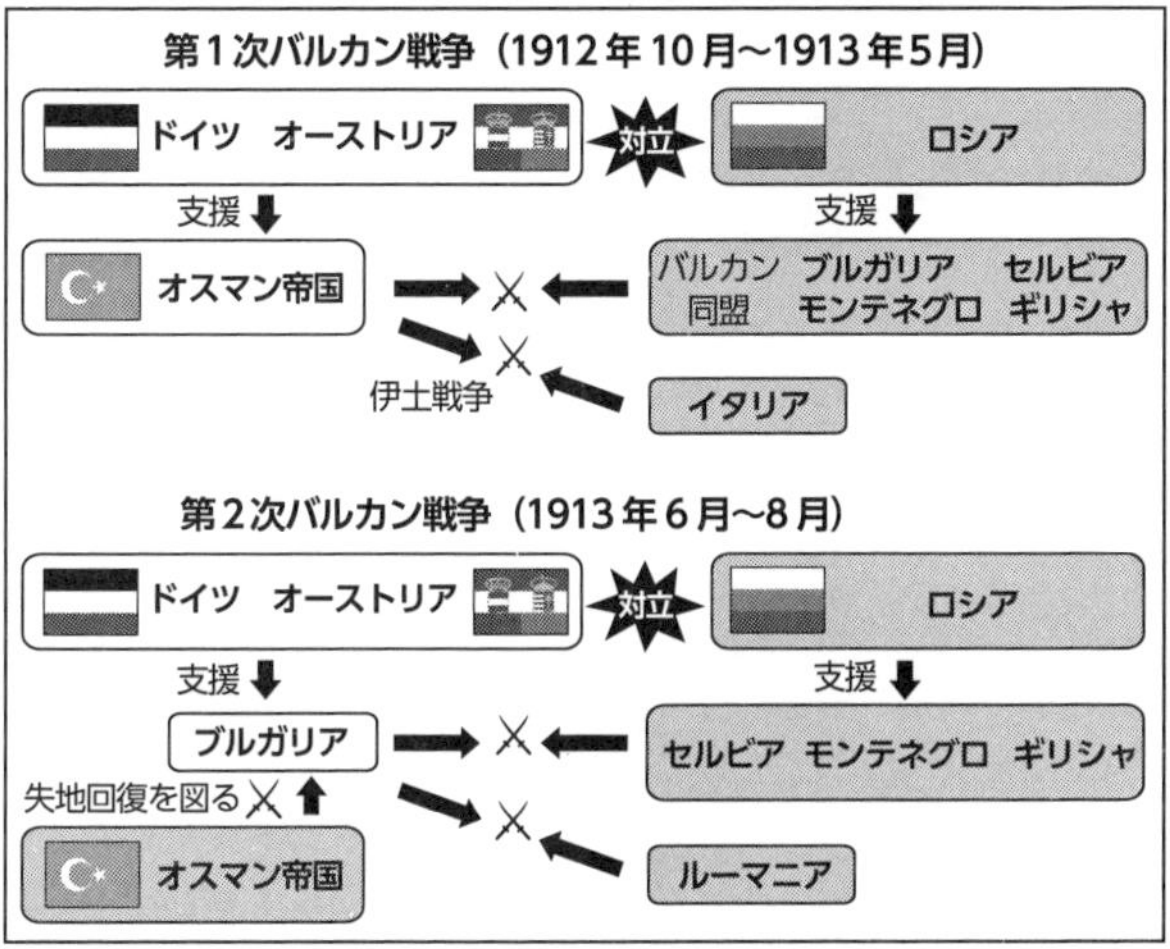

自らの一辺境のように見なしていた。セルビアには、かつて栄えたセルビア王国再現の夢があった。このマケドニア帰属問題の対立が、1913年の第2次バルカン戦争となる。

第2次バルカン戦争では、ブルガリアがギリシャ、セルビア、モンテネグロ、ルーマニアを敵に回したあげく、敗北。マケドニアから撤退する。だが、これで終わりとはならなかった。

第2次バルカン戦争の翌年、1914年に第1次世界大戦が勃発《ぼっぱつ》すると、ブルガリアはセルビアからマケドニアを奪うため、セルビアと敵対していたドイツ、オーストリア側に立って参戦した。敗れたのは、またもブルガリアであった。

それでもなお、ブルガリアはマケドニアに執着した。第2次大戦がはじまると、ブルガリアはナチス・ドイツと結託《けったく》し、ユーゴスラヴィアの一部となっていたマケドニアに侵攻している。

このとき、ブルガリアはマケドニアの「ブルガリア化」を強引に進めたことで、マケドニアの住人の反発を食う。ブルガリアがまたも敗戦国になったとき、マケドニアの住人の多くは自らをブルガリアと同じ民族ではなく、マケドニア人であると思うようになる。そして、ユーゴスラヴィアの解体時、ついにはマケドニアとして独立している。

バルカン半島内の抗争が新たな民族を生み出し、新たな国までつくり出してしまったのだ。バルカン半島での対立は新たな民族、国家を生み出す傾向にあり、これが21世紀にはコソヴォの独立にもなっている。今後、バルカン半島で新たな紛争でもあれば、またも新たな民族、国家が誕生しかねない。バルカン半島の分裂は、より複雑化するのだ。

ただ、「マケドニア」という国家名をギリシャは嫌った。ギリシャ人にとってマケドニアはギリシャの一部という意識が強く、「マケドニア」の国名に難癖《なんくせ》をつけた。そこで2019年、マケドニアはしかたなく「北マケドニア」を名乗ることになったのだ。

強国でもバルカン半島統一を実現できなかった理由

20世紀、バルカン半島では数多くの戦いが繰り広げられてきた。けれども、これだけ多くの戦いを繰り返しながら、結局、バルカン半島をひとつにする勢力は現れないままであった。

じつのところ、バルカン半島は内から統一されたことはいまだない。これまでにも、バルカン半島の内部からは強力な帝国、王国が登場してきた。けれども、彼らとてバルカン半島の統一までは果たしていないのだ。

バルカン半島内から勃興《ぼっこう》した勢力の代表は、中世のブルガリア帝国だろう。ブルガリア帝国は、全盛期にはビザンツ帝国をたびたび撃ち破り、コンスタンティノープルにも迫ったほどだ。けれども、最後にはビザンツ帝国に滅ぼされた。12世紀に第2次ブルガリア帝国として再興したのち、今度はオスマン帝国によって消滅させられている。

つづいては、セルビア王国である。12世紀後半、ネマニッチ朝セルビア王国が誕生すると、第2次ブルガリア帝国と抗争しながらも、バルカン半島に領域を広げていく。セルビア王国は、一時はアルバニアやマケドニアも征服、ビザンツ帝国をも攻略しようとしたが、オスマン帝国によって消滅させられている。

あるいはずっとさかのぼって、紀元前4世紀、マケドニアから登場したアレクサンドロス3世（大王）にしろ、バルカン半島の統一はなしていない。アレクサンドロス3世の関心がペルシャ帝国の征服にあったからで、アレクサンドロス3世とその父フィリッポス2世が征服したのは、バルカン半島の南東部のみである。

このように、ブルガリア帝国もセルビア王国も、アレクサンドロス3世一族も、栄光の時代を持ちながらも、バルカン半島の統一までは果たせなかった。これまた、バルカン半島の地政学的な事情のなせるものだろう。バルカン半島には図抜けて大きな平野もなければ、イスタンブールを除けば交通の絶対的要衝もない。地政学的に突出したり、卓越《たくえつ》した地がないから、バルカン半島には中枢となる地域がない。

セルビアのベオグラード、クロアチアのザグレブ、ブルガリアのソフィアには歴史があっても、バルカン半島全体を吸い寄せる求心力はない。バルカン半島で唯一、求心力があるとすれば、南東端のイスタンブールだろう。バルカン半島に強い影響力を持ったビザンツ帝国も、オスマン帝国も、この地を根拠地としてきた。けれども、イスタンブールはイスラム系の都市になっていて、キリスト教徒の多いバルカン半島とは別世界視されている。

こうして中枢となる地域がないからこそ、バルカン半島はつねにバラバラであり、内からの統一はじつにむずかしいものになっている。

バルカン半島を統治した「征服者の共通点」とは

「統治不能の要塞」であるバルカン半島だが、じつはバルカン半島が統治された時代は2度ある。古代ローマ帝国とオスマン帝国の時代である。

古代ローマ帝国も、オスマン帝国も、バルカン半島にとっては外来の征服者である。古代ローマ帝国の中枢は、イタリア半島のローマである。オスマン帝国の都はバルカン半島の端にあるコンスタンティノープルであるが、オスマン帝国はもともとアナトリアに勃興した国であり、バルカン半島は征服地であった。内なる統一ができないバルカン半島でも、世界帝国を築く力量のある国家の前には、征服され、統治されてきたのだ。

古代ローマもオスマン帝国も、バルカン半島の近隣に位置している。ゆえにバルカン半島に勢力圏を広げ、オスマン帝国の場合、バルカン半島を領有したために巨大化もした。

その古代ローマ帝国もオスマン帝国も、バルカン半島への浸透、征服には膨大《ぼうだい》な時間を要している。古代ローマの場合、地中海に覇権を築く過程で、アドリア海を挟んで対岸のダルマティア（いまのクロアチアの沿岸部）を吸収する。さらに紀元前2世紀半ばには、ギリシャを屈伏《くっぷく》させ、マケドニアを属州化している。

こののち古代ローマはトラキア（いまのブルガリア、ギリシャの一部）で戦い、2世紀初頭にはダキア（いまのルーマニア）を征服する。ローマのバルカン半島征服は、じつに3世紀以上もかけてのことであり、その後、およそ数世紀はバルカン半島をまがりなりにも維持している。

アナトリアに勃興したオスマン帝国の場合、14世紀後半、バルカン半島内のアドリアノープル（いまのエディルネ）でビザンツ帝国と戦い、勝利する。こののちオスマン帝国は、アドリアノープルを根拠地にトラキアを征服する。15世紀半ば、アルバニアにはスカンデルベグが登場、オスマン帝国に対抗したが、彼の死去ののち、アルバニアもオスマン帝国に吸収されてしまった。

オスマン帝国は16世紀前半、スレイマン1世の時代に、セルビアを屈伏させ、ハンガリーにまで支配領域を広げ、バルカン半島の大半を領有することになった。オスマン帝国もまた、2世紀という歳月をかけてバルカン半島を征服し、その後、およそ3世紀以上にわたって、統治を維持してきている。

オスマン帝国は、バルカン半島征服のなかで、この地がいかに統治不能かを体感してきている。15世紀、オスマン帝国の侵攻に対抗したのが、ワラキア公国（いまのルーマニア南部）である。ワラキア公国のヴラド・ツェベシュ・ドラクル公は、「串刺し公」の異名《いみょう》を持ち、後世、「吸血鬼ドラキュラ」のモデルになった人物である。彼は過酷な支配で知られるが、侵略者・オスマン帝国にも残虐であった。

オスマン帝国との戦いにあって、ワラキアは激しく抵抗し、オスマン帝国に大きな損害を与えた。ヴラド公はオスマン帝国の兵士たちの数多くを串刺しにして並べ、オスマン帝国軍を震え上がらせている。

ワラキアを攻めたオスマン帝国の皇帝は、コンスタンティノープルを陥落させたメフメト2世である。メフメト2世をもってしても、ワラキアを攻めきれず、貢納金の受け取りで我慢せざるをえなかった。

ただ、オスマン帝国はこうしたバルカン半島の恐ろしさを見せつけられてもなお、バルカン半島をあきらめなかった。後述するように、オスマン帝国の勃興の地アナトリアは、バルカン半島以上に征服・統治のむずかしい地であり、彼らはバルカン支配に賭けるしかなかった。

この強い意思により、オスマン帝国のバルカン半島支配は達成されたといえる。「統治不能の要塞」であるバルカン半島を統治できるのは、バルカン半島の外からやってきたスーパーパワーのみだろう。その力量によってバルカン半島を呑《の》みこんでいくのだが、それでもバルカン半島の支配には数世紀の時間をかけてきたのだ。

現在、バルカン半島に隣接したスーパーパワーはない。イタリアやトルコにはさほど力がないから、バルカン半島は誰にも制圧できない統治不能の地に戻っているのだ。

ただ、オスマン帝国の統治は、20世紀のユーゴスラヴィアの時代を経て、思わぬかたちで半島に禍根《かこん》を残している。というのも、コソヴォの住人が入れ替わったからだ。

かつて中世にセルビア王国が全盛の頃、現在のコソヴォも領有していた。けれども、14世紀末、オスマン帝国がバルカン半島を北上、セルビア王国を圧迫する。セルビアの君主はコソヴォ・ポリエの平原でオスマン帝国軍を迎え撃ったが、大敗を喫し、多くのセルビア兵の遺骸《いがい》がコソヴォの平原に散らばる結果になった。

以後、コソヴォに流入してきたのは、アルバニア人たちである。それもイスラム教に改宗したアルバニア人たちが多かった。

19世紀以降、バルカン半島で民族主義が噴出すると、セルビア人にとってコソヴォは民族の悲劇の地として語られるようになる。オスマン帝国に立ち向かった君主、兵士を讃《たた》えるうちに、コソヴォは「セルビア発祥の地」のように語られるようになった。

けれども、20世紀、ユーゴスラヴィアが成立したのち、独裁者ティトーは、アルバニア人にコソヴォを自治州として与えていた。コソヴォ自治州はセルビア共和国に属するかたちになっていたが、セルビア人は納得できなかった。セルビア人は、セルビア発祥の神聖な地にムスリムのアルバニア人がいることをゆるせなかった。

以後、セルビア人はコソヴォのアルバニア人を憎悪するようになり、これがユーゴスラヴィア崩壊時にコソヴォ紛争となったのだ。

大国を巻きこみ、大国を崩壊させてきたバルカン半島

バルカン半島の広大な土地はひとつの磁場となって、大国を引き寄せやすい。バルカン半島は大国を引き寄せた末に、崩壊させもする。

19世紀以降、衰退したオスマン帝国に代わって、新たにバルカン半島の勢力争いに参入したのが、ハプスブルク家のオーストリアとロマノフ家のロシアである。ともに、混乱のはじまったバルカン半島での勢力拡大を狙っていた。

ロシアもオーストリアも、オスマン帝国の去ったバルカン半島が「統治不能」の地に戻っていることにどれだけ気づいていたか。オスマン帝国に何度も勝利してきた経験から、オスマン帝国がなしえた以上のことができるとでも過信していたのかもしれない。

オーストリアはといえば、オスマン帝国の混乱に乗じて、1908年にボスニア＝ヘルツェゴヴィナを併合している。ボスニア＝ヘルツェゴヴィナにはセルビア系住人も多かったから、セルビアとの対立がはじまった。

ロシアは1912年からの第1次バルカン戦争では、バルカン諸国の後押しをして、オスマン帝国を敗退させていた。この頃からセルビアはロシアへと接近し、ロシアの支援を得て、アドリア海進出を狙っていた。ここでも、セルビアとオーストリアが対立、オーストリアとロシアも一触即発の危機状態に突入する。

この緊張は、戦争によってしか解けなかった。1914年、オーストリアに併合されていたボスニアの州都サラエボでオーストリアの皇位継承者フランツ＝フェルディナント大公夫妻がセルビア系青年に暗殺される事件が起きる。

この事件をきっかけに、第1次世界大戦がはじまる。バルカン半島での対立と緊張は、バルカン半島には直接関係のないイギリス、フランス、ドイツをも巻きこむ大戦争になっ

第1次世界大戦直前のバルカン半島をめぐる関係

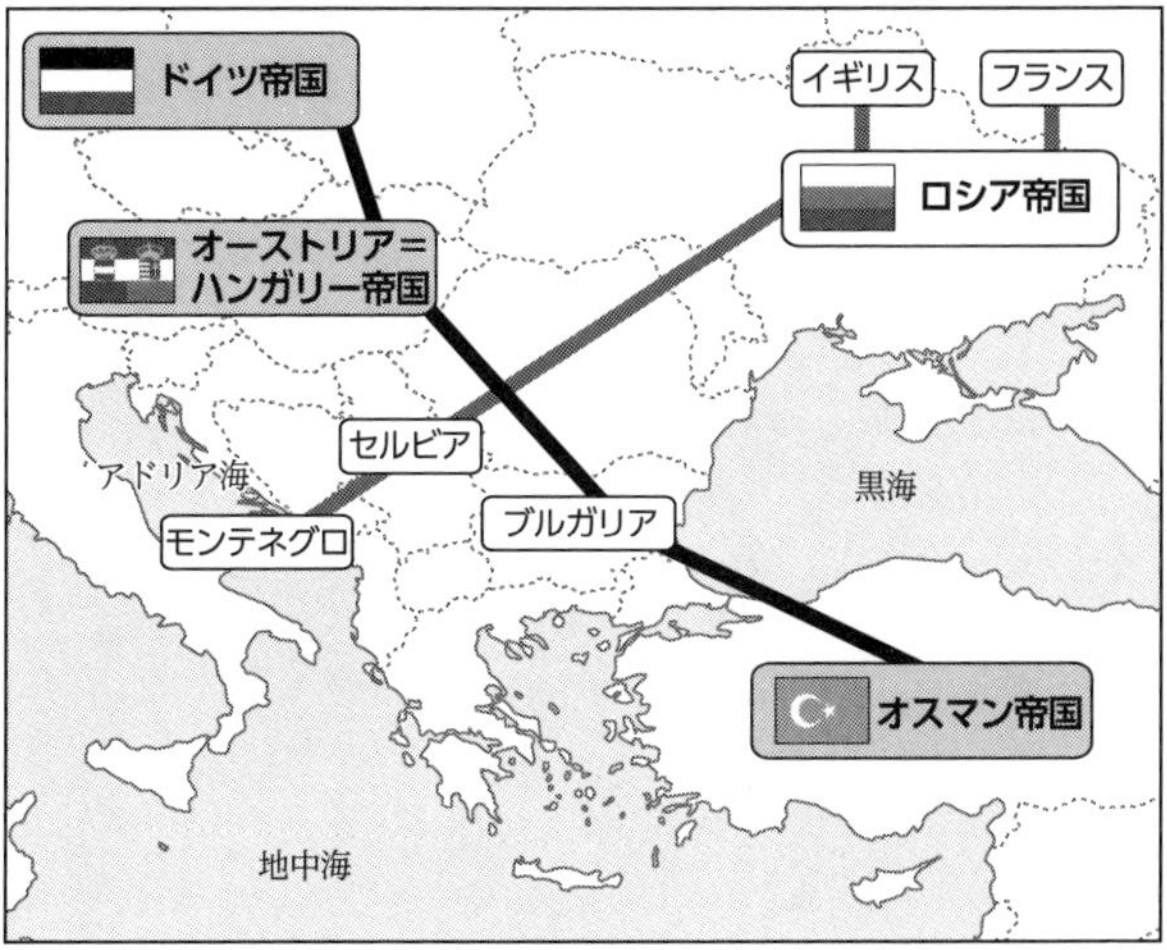

てしまった。さらには、アメリカ、日本までもが参戦し、バルカン半島は世界の崩壊、改編の起爆剤となっていた。

第1次大戦下、戦争に行き詰まったロシアでは共産革命が発生し、ロマノフ王朝は消滅する。皇帝ニコライ2世一家は、処刑される。オーストリアは敗戦国となり、皇帝カール1世はスイスに亡命し、ハプスブルク家の栄光は消え去った。

バルカン半島に直接の利害関係のなかったドイツも敗北、革命騒動のなか、皇帝ヴィルヘルム2世はオランダに亡命し、帝国ドイツの時代は終わる。イギリス、フランスも戦争で疲弊《ひへい》し、バルカン半島の緊張に巻きこまれた大国が次つぎと崩壊、あるいはその力を失っていったのだ。

「統治不能の要塞」バルカン半島への安易な介入は、大国自身の首を絞める結果になったのだ。

2章

朝鮮半島に見る内部分裂の地政学

なぜ、19世紀後半から突如として動乱の地と化したのか？

現在、朝鮮半島には、大韓民国（韓国）と朝鮮民主主義人民共和国（北朝鮮）というふたつの国があり、両国は複雑怪奇な関係にある。

朝鮮半島をめぐっては、1890年代から1950年代にかけて、3度の大きな戦争を経験してきた。それまで200年以上にわたって朝鮮半島では大きな戦争が起こらなかったのに、19世紀後半から突如、動乱の地と化していったのだ。

朝鮮半島が動乱の地となったのは、朝鮮半島の地政学的な地位が19世紀に急速に高まっていったからだ。それも、日本によってである。日本によって朝鮮半島の地政学的な地位が高められてから、日本の意思を離れて、朝鮮半島は大国の対峙《たいじ》する場でありつづけているのだ。

地政学的な地位が高まる以前、19世紀半ばまでの朝鮮半島の特徴は、大陸につねに従属していたところにある。朝鮮半島は大陸のどこかの国に従属し、その従属の選択さえ誤《あやま》らなければ、朝鮮半島はまがりなりにも安泰であり、侵略を受けることがなかった。

朝鮮半島は、東に日本海、西に黄海に面し、対馬《つしま》海峡を隔《へだ》てた対岸には日本列島の九州がある。半島の東側はほぼ山地で、山は海に迫っている。一方、半島の西側には小さな平野が多く、韓国の首都ソウル、北朝鮮の首都平壌《ピョンヤン》も半島の西側に位置している。現在、朝鮮半島は中国の東北部（満洲）、ロシアと陸つづきになっている。

　朝鮮半島は比較的小さな半島であり、半島外の勢力から大きな影響を受けやすい。朝鮮半島を従属させようとしてきたのは、陸つづきの満洲の勢力であり、黄海を隔てた中国大陸の王朝である。

朝鮮半島

　朝鮮半島の王朝は長く中国大陸の王朝に従属してきたと思われがちだが、そうでもない。たしかに、唐帝国や明帝国など中国に強力な王朝が存在していたとき、朝鮮半島の王朝は中国王朝に臣従《しんじゅう》した。

　けれども、満洲の勢力が強くなり、中国王朝を圧倒するようになったら、満洲王朝が朝鮮王朝に従属を求めてきた。

満洲は、現在は中華人民共和国の一部となっているが、中国大陸の勢力が満洲全体を統治した時代はめったにない。満洲は独立した強い勢力になりやすい。時に強大な力を持ち、中国大陸に攻勢を仕掛け、征服したこともあった。

12世紀には満洲に勃興《ぼっこう》した金帝国が北中国を支配し、17世紀から20世紀初頭にかけては同じく満洲を本拠とした清帝国が中国全土を支配したこともある。清帝国は中国大陸征服にともない、都を北京としたから、中国王朝のように思われがちだが、じつは満洲王朝である。

朝鮮半島の王朝は、基本的に中国王朝に従属しようとするが、時代によっては、満洲の王朝に従わねばならない時代もあった。中国大陸、満洲というふたつの巨大な勢力に近いために地政学的には足かせともなったが、従属していれば、それで済んでいたこともたしかだ。

中国王朝、満洲王朝が「半島の直接支配をあきらめた」理由

朝鮮半島はつねに中国大陸や満洲の勢力に従属させられていたが、従属しているだけで、

彼らから直接統治を受けた経験はない。じつのところ、朝鮮半島は日本に統合された時代を除けば、完全に征服され、直接統治されたことのない半島である。

多くの半島がそうであるように、朝鮮半島もまた「統治不能の要塞」だからだ。朝鮮半島は西に平野が点在するとはいえ、山がちであり、地域を隔てる河川も多い。ゆえに、半島の統治はむずかしかった。新羅《しらぎ》、高麗《こうらい》、李氏朝鮮（李朝）など歴代の朝鮮王朝は、半島をかたちのうえでは統治していたが、各地でたびたび反乱を経験している。新羅にしろ、高麗にしろ、李朝にしろ、完全に国内を掌握《しょうあく》しておらず、地方はほったらかしにし、王朝内部では宮廷闘争に明け暮れていた。

統治不能の要素は、そのまま征服不能のツールにもなる。中国王朝も、満洲王朝も、そうした朝鮮半島の地勢を知り、征服・統治のむずかしさを知っていた。だから、朝鮮半島への本格的な侵攻はあまり試みなかった。朝鮮半島は、歴代の中国王朝、満洲王朝に完全征服されたことがないのだ。

中国王朝の場合、7世紀の時点ですでに懲《こ》りている。隋帝国の煬帝《ようだい》は朝鮮半島北部にある高句麗《こうくり》を打ち滅ぼすため何度か遠征を仕掛けたが、すべて失敗に終わっている。高句麗は厳密にいえば、朝鮮半島独自の王朝ではなく、満洲南部と朝鮮半島に跨《また》がった王朝である。その高句麗遠征失敗のため、煬帝は求心力を失い、隋は滅亡してしまった。

隋に代わった唐帝国もまた、高句麗遠征を仕掛けるが、何度も失敗に終わっている。唐の全盛期を築いた太宗《たいそう》をもってしても、朝鮮半島は難攻不落の要塞であった。朝鮮半島では山が海に迫り、歩兵の大軍の行動に適した土地はそうはない。中国王朝は、大軍の利を活《い》かせず、半島から敗退するしかなかった。

唐が高句麗を滅ぼすのは、朝鮮半島の新羅と組んだからである。当時、朝鮮半島には高句麗以外に、南に新羅、百済《くだら》があり、それぞれが対立していた。高句麗、百済に押された新羅は、自ら進んで唐に支援を仰ぎ、唐に従属することとなった。

半島では内部対立に勝つため、窮《きゅう》した側はえてして周辺の大国に支援を求めがちだ。これが半島に大国を巻きこむ動乱をもたらすことになるが、新羅の唐への従属は朝鮮半島での大国引きこみのはじまりであった。新羅の手引きによって唐の軍隊は朝鮮半島に上陸、百済を滅ぼし、つづいては高句麗を滅ぼした。

以後、新羅は唐の暦《こよみ》を採用し、唐の従属国家となり、こののち朝鮮半島の高麗、李朝もまた、歴代中国王朝に臣従するようになる。

一方、歴代中国王朝は、朝鮮半島を直接支配しようとは思わなくなった。高句麗遠征の失敗から、朝鮮半島が要塞であることも知っていたし、新羅を臣従させた過程で、朝鮮半島の統治のむずかしさも知った。

中国王朝にすれば、朝鮮半島の直接支配はワリに合わないものであり、朝鮮半島の統治は朝鮮王朝に任せたのである。中国王朝は、朝鮮半島の王朝が朝貢《ちょうこう》し、臣従していればそれでよかったのだ。

満洲の勢力とて、むやみな朝鮮半島侵攻をためらった。満洲と朝鮮半島の王朝はつねに国境でいさかいを起こしていたが、満洲の勢力が朝鮮半島深くに侵攻したことは、1627年と1636年の2度しかない。いずれも清帝国を建設した満洲族の領袖《りょうしゅう》ホンタイジによる侵攻である。当時の李朝が、ホンタイジと対立する明帝国寄りであったため、懲罰のための侵攻だった。

朝鮮半島を統一した新羅（670年ごろ）

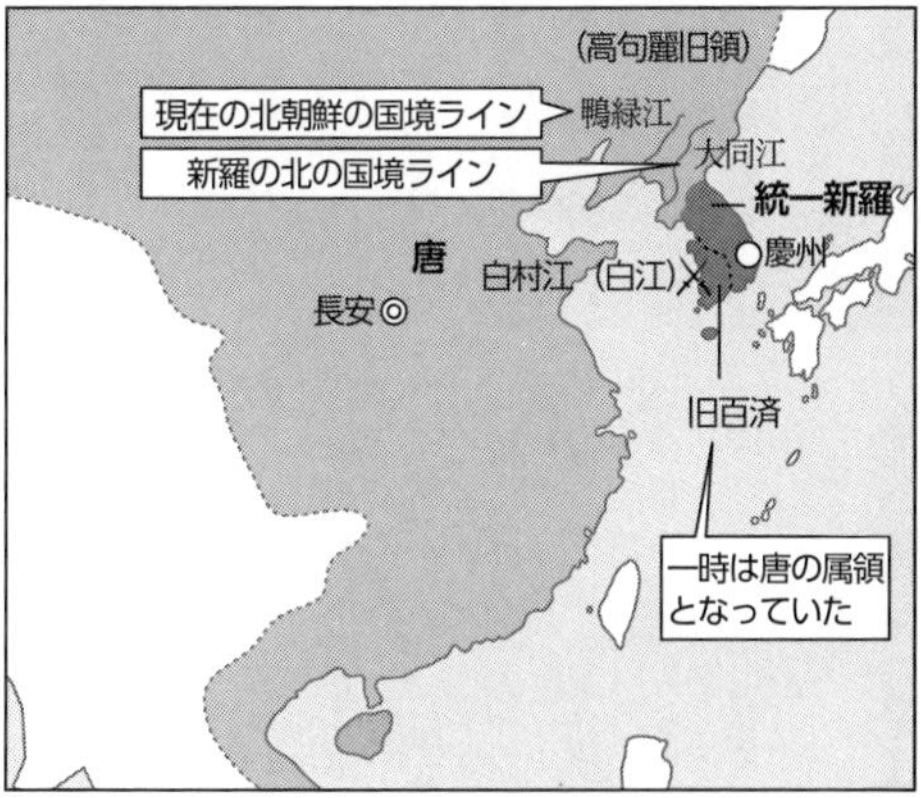

1627年、1636年の侵攻では、ホンタイジ

の軍は李朝の軍を圧倒する。1636年にはじまる侵攻では、朝鮮国王・仁祖《じんそ》に完全に臣下の礼をとらせている。しかし、ホンタイジの清帝国は朝鮮半島全土を征服しようとはせず、統治は李朝に任せている。清の満洲族は中国大陸の征服、直接統治を望んでも、朝鮮半島の征服・直接統治を嫌がっていたのだ。これまた、満洲族の皇帝たちが、朝鮮半島の完全征服、統治の費用対効果の悪さを知っていたからだろう。

満洲の騎兵をもってするなら、朝鮮半島の西側での進撃はある程度は可能だ。けれども、山がちな東側を完全に従えるのは、時間と労力を要する。満洲族の皇帝はこれを嫌がり、朝鮮半島が従属するなら、それで満足しなければならなかったのだ。

朝鮮半島は、中国王朝、満洲王朝にとってともに「統治不能の要塞」であり、征服できる地ではなかった。朝鮮半島が従属すればそれでよく、朝鮮半島の王の地位は、従属しているかぎり安泰であったのだ。

なぜ、日本は朝鮮半島を「回廊」と見なすようになった?

朝鮮半島は、周辺国によって見方が変わる地域である。中国、満洲からは従属地域と見なされがちなのに対して、日本列島からは「回廊《かいろう》」に映る。

朝鮮半島に関しては日本一、いや世界一の碩学《せきがく》であるだろう政治学者・歴史学者の古田博司氏は、「ただの廊下」「行き止まりの廊下」と定義されている。世界のすべての半島が朝鮮半島のような「回廊」かというと、そうではないだろう。

半島は「統治不能の要塞」だから、そうそう「回廊」化はしない。おそらく、朝鮮半島は後述する「ヨーロッパ半島」とともに、稀《まれ》なケースであるだろう。古田氏が指摘するように「廊下」、つまりは「回廊」であると日本人には映るのだ。

それも朝鮮半島の「回廊」は、日本人にとっては「恐怖の回廊」だ。朝鮮半島が大国の「回廊化」しそうになると、日本の危機意識は急激に高まる。それは、日本が朝鮮半島という「回廊」の恐怖を歴史的に経験してきたからだろう。

日本が朝鮮半島の「回廊化」の恐怖をはじめて知ったのは、660年代のことだ。当時、朝鮮半島の新羅が唐帝国と結び、唐の軍を朝鮮半島に引き入れた。唐と新羅の連合軍は、百済を挟撃《きょうげき》し、滅ぼす。百済滅亡ののち、百済の残党は、日本のヤマト朝廷に百済復興の支援を要請する。

半島では、窮《きゅう》した側は周囲の大国を利用して挽回《ばんかい》しようとする。新羅が唐と組んだから、百済の残党たちは日本を半島に引き入れようとした。ヤマト朝廷の軍は半島に渡り、66

3年の白村江《はくすきのえ》（白江）の戦いとなる。白村江の戦いでは、唐・新羅連合軍がヤマト朝廷の軍勢を破り、日本を朝鮮半島から叩き出した。

このとき、ヤマト朝廷は日本列島に重大な危機が迫っていることを悟る。朝鮮半島が唐の「回廊化」するなら、唐軍は朝鮮半島をつたい、渡海し、日本列島にも侵攻するだろう。ヤマト朝廷は朝鮮半島経由の唐軍侵攻を恐れ、このとき朝廷がはじまって以来、はじめて本気の国防意識が芽生《めば》えた。

国家意識に乏《とぼ》しかった政権の主宰者たちは、自国の名乗りから考えるようになり、国号として「日本」を使うようになる。「日本」の誕生である。さらにこれまでの「大王」号を廃して、「天皇」と改めている。

だが、日本の懸念《けねん》をよそに、唐帝国が新羅の朝鮮半島を「回廊化」することはなかった。新羅が抵抗を見せたとき、唐は朝鮮半島の本格的な征服・統治がいかに困難であるかを悟ったからだ。

こののち、13世紀、朝鮮半島に侵攻したのは、モンゴル帝国であった。モンゴル帝国は「征服マニア」のようなところがあり、朝鮮半島攻略は執拗《しつよう》に行なわれた。侵攻は1231年にはじまり、その後、何度も繰り返された。

モンゴル帝国下の高麗（1270年ごろ）

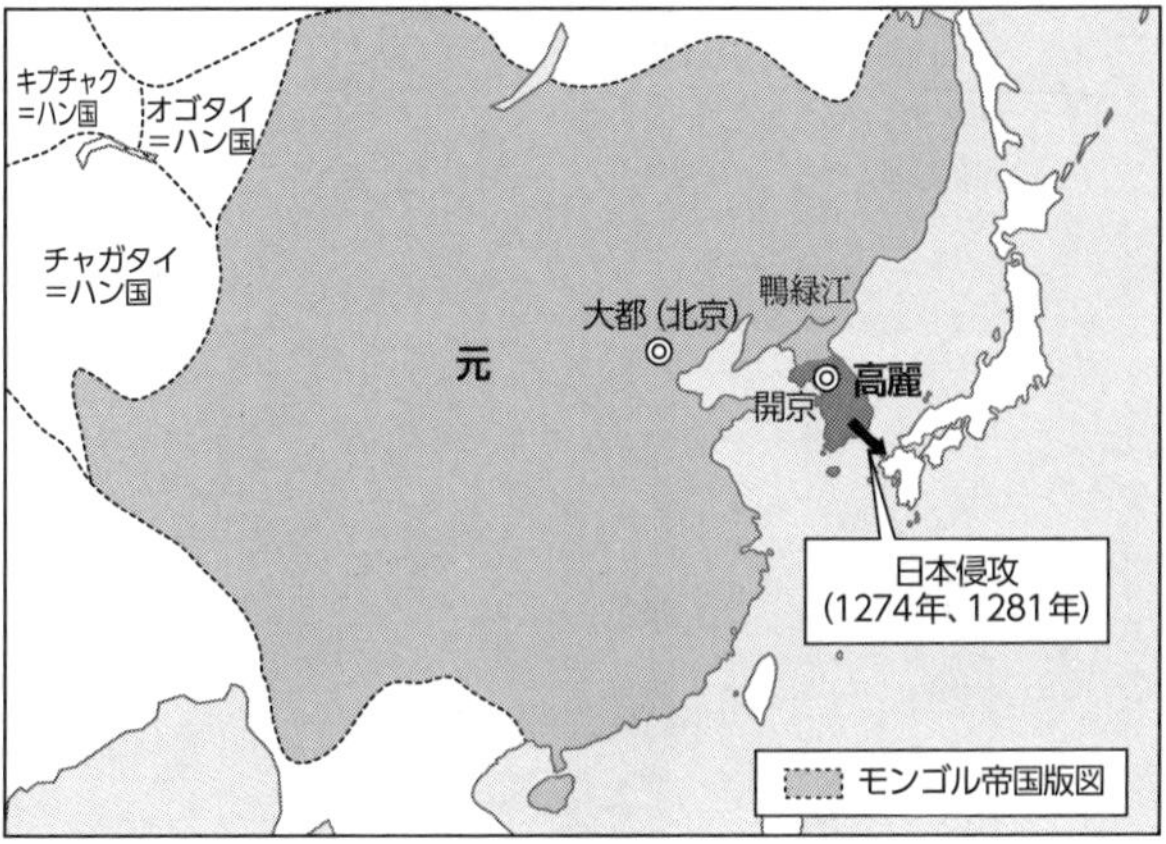

朝鮮半島の高麗王朝はたび重なる侵攻に音《ね》をあげ、1258年に屈伏する。モンゴル帝国もまた、たびたびの侵攻で朝鮮半島の領有のむずかしさを悟り、朝鮮半島を直接統治はせず、統治を高麗王室に任せている。

モンゴル帝国に対する朝鮮半島の屈伏の先にあったのが、モンゴル帝国による2度の日本侵攻である。日本では、文永《ぶんえい》の役、弘安《こうあん》の役といわれる。鎌倉幕府はモンゴル帝国の軍を撃退したものの、日本の住人は朝鮮半島にまたも恐怖の「回廊」を見た。朝鮮半島が、大国の「回廊」となったとき、日本は未曽有《みぞう》の危機に瀕《ひん》すると考えるようになったのだ。

実際のところは、モンゴル帝国は朝鮮半島を日本征服の「回廊」と見てはいないだろう。モンゴル帝国のハン（皇帝）に日本列島の存在を伝え、征服を示唆《しさ》したのは、高麗の国王であったといわれる。これを聞いた「征服マニア」のモンゴル帝国は、日本列島侵攻を計画しはじめたのだ。モンゴル帝国は、2度目の侵攻である弘安の役に関しては、中国大陸の旧南宋の船団を主力としているから、朝鮮半島をかならずしも日本への「回廊」視していたわけではないのだ。

ただ、モンゴル帝国の思考とは無関係に、朝鮮半島が大国の「回廊」となる恐怖を日本の住人に植えつけていた。この「恐怖の回廊」視が、後世まで残ったのだ。

朝鮮半島の回廊を「大陸侵攻の足がかり」にしようとした秀吉

日本人が朝鮮半島をまたも「回廊」視するようになるのは、16世紀後半から17世紀前半にかけてだ。16世紀後半、日本に織田信長、豊臣秀吉が現れ、戦国日本を統一すると、彼らは朝鮮半島を「日本のための回廊」と見なしはじめる。織田、豊臣には中国の明帝国を打倒、征服する野心があり、朝鮮半島を中国征服のための「回廊」と見なしたのだ。

実際に行動したのは豊臣秀吉であり、彼は2度にわたって、軍を渡海させ、朝鮮半島に上陸させている。これが、日本でいう文禄《ぶんろく》の役、慶長《けいちょう》の役である。

文禄・慶長の役

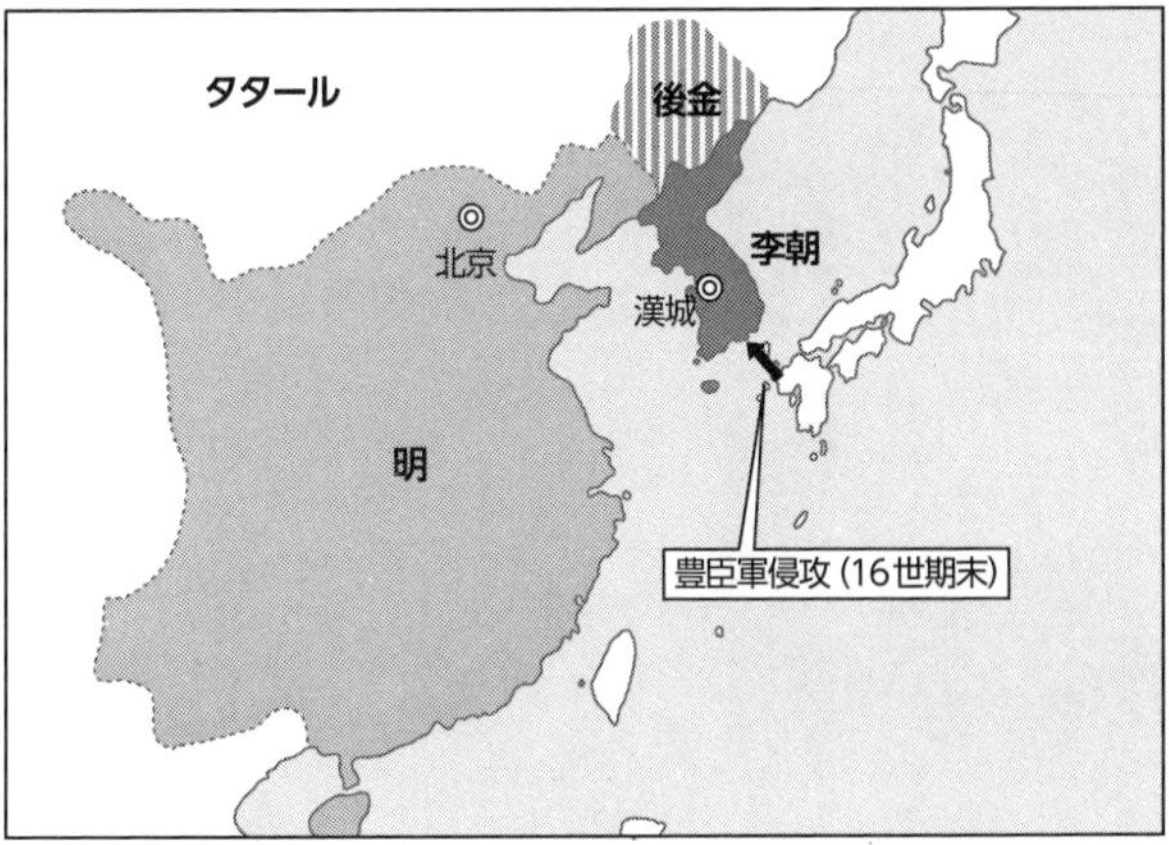

文禄の役では豊臣軍の進撃の前に、李朝の軍は崩壊、李朝は明に支援を仰ぐ。朝鮮半島にはまたも大国が引き寄せられ、日本軍と明軍が朝鮮半島で戦うことになった。ともに得るところのない不毛な戦いである。

日本の朝鮮半島侵攻は、豊臣秀吉の死をもって終わるが、日本の武将たちも、朝鮮半島で戦うにつれ、半島が「統治不能の要塞」であることに気づいていった。朝鮮半島が、中国大陸まで侵攻する「回廊」にはならないことも知った。

そのため、慶長の役では、日本の武将たちは朝鮮半島での進撃、北上を最初からあきらめている。彼らは朝鮮半島南部に「倭城」という城を築き、ここを拠点に農民を集め、村落の育成をはじめている。まるで戦国時代の領国経営に戻ったかのようであり、地道な経営なしには朝鮮半島での統治はありえないと気づいたのである。

一方、17世紀前半、満洲で満洲族を率いるホンタイジの勢力（後金、のちの清帝国）の勢力が強大化していった時代、徳川幕府は朝鮮王朝以上に強い危機感を持った。満洲族が朝鮮半島を完全に支配すれば、朝鮮半島は満洲族の「回廊」になると考えたからだ。それは、モンゴル帝国襲来の再現になると徳川幕府は見て、李朝に武器支援まで打診している。

現実には、満洲族は朝鮮半島を「回廊」とは見ていなかった。統治不能の朝鮮半島に直接かかわりを持つのも嫌がったから、清帝国の日本侵攻はなかった。徳川幕府の危機感は杞憂《きゆう》に終わったが、この頃すでに朝鮮半島の「回廊」視は日本の住人に染《し》みついていたと思われる。

明治政府はなぜ、「朝鮮半島への浸透」を図ったのか？

近世になって、日本が朝鮮半島の大国による「回廊化」の危機を見るのは、19世紀後半のことである。鎖国を放棄したのちに成立した明治政府は、朝鮮半島周辺に複数の大国が忍び寄っていることに気づき、危機意識を抱く。

当時、朝鮮半島にあった李朝は、清帝国に従属していた。その清朝が西洋の列強にアヘン戦争、アロー号戦争とつづけざまに敗れ、西洋国家に対抗不能なさまを露呈《ろてい》していた。李朝の朝鮮半島をそのまま清に従属させておいたら、清とともに共倒れのように列強に食われてしまうと明治政府は見なすようになった。

しかも、李朝は欧米に対して鎖国を国是《こくぜ》としており、かつての日本のように頑迷《がんめい》である。明治政府は、鎖国政策が欧米には通じず、亡国にもつながることを経験していたから、李朝に鎖国を放棄させねばならない。

明治政府は、李朝に早くに鎖国を放棄させ、独立した強固な国家へと転身してほしかった。鎖国したまま清に従属するなら、李朝はいずれ欧米列強の圧力に屈する可能性が高い。それは、朝鮮半島の大国による「回廊化」になるだろうと日本には映り、かつてない危機感を募《つの》らせていた。

そうしたなか、日本は李朝を開国させる役目を負わされることにもなる。じつのところ、すでにアメリカの商船「シャーマン」号とフランスの軍艦が、朝鮮半島にアプローチしていずれも失敗している。欧米列強は、朝鮮半島もまた「統治不能の要塞」ではないかと悟り、日本に朝鮮半島の開国というやっかいな役目を回したのだ。

日本の李朝への開国のアプローチは、手荒な帝国主義的な手法であった。明治政府は軍艦「雲揚」を朝鮮半島の江華島《こうかとう》沖に遊弋《ゆうよく》させ、江華島の砲台から発砲を受けると、ただちに占領した。この日本からの圧力に李朝は屈し、開国を決断。1876年に日朝修好条規が結ばれている。

以後、日本は朝鮮半島への積極的な浸透者となる。日本の住人は朝鮮半島の近代化、独立に手を貸そうとした。そこから生まれるのが、半島内での開化派だが、大きな反発もあった。これまで朝鮮半島には従属要求こそあったものの、国のあり方を変えようとする浸透はなかった。日本のあり方は、保守派にとっては要《い》らぬ世話であり、新たな脅威にも映ったのだ。

さらには、李朝を属国と考える清朝も日本の朝鮮半島への浸透を嫌った。それは清の権益の侵害であり、こうして朝鮮半島内には、清朝を引き入れようとする勢力、日本と手を組もうという勢力が争いはじめる。これが甲申《こうしん》事変というクーデター事件ともなり、敗れたのは日本支持の開化派であった。

甲申事変で日本が悟ったのは、清朝が李朝を従属させているかぎり、朝鮮半島の独立と近代化はありえないということである。日本は清相手の戦争を決意するようになり、これが1894年からの日清戦争となる。

日清戦争は日本の勝利に終わり、下関条約が結ばれる。下関条約によって、清は李朝の宗主国の立場を放棄させられ、李朝の独立が決まった。

朝鮮半島が「大国の駆け引きの場」となった経緯とは

日清戦争の勝利は、李朝の独立をもたらしたものの、李朝は独立国家のようには歩もうとしなかった。朝鮮半島の宮廷は、日本の浸透を嫌い、ロシアと結託《けったく》し、ロシアの保護を得ようとしていたのだ。

朝鮮半島の歴史は、従属の歴史である。従属することにより、侵略を受けない安心を得られる。日本が日清戦争によって、清を朝鮮半島から遠ざけたとき、朝鮮半島の宮廷が新たな従属の相手に選んだのは、日本ではなくロシアであったのだ。

すでに朝鮮半島をめぐって、清と日本がつばぜり合いを繰り広げていた時代から、朝鮮半島の宮廷は、日本、清への対抗勢力としてロシアを引き入れていた。李朝はロシアと密約を結び、李朝の国軍、警察をロシアに託した。のみならず、元山《ウオンサン》をロシアに貸与し、ロシアの軍港とすることを認めていた。

当時、この密約を察知したのが、イギリスである。ロシアが朝鮮半島の元山に軍港を得るということは、ロシアが日本海、東シナ海に進出してくることを意味する。それは中国にあったイギリスの権益を脅《おびや》かす脅威に映った。イギリスは朝鮮半島の南にある小島・巨《コ》文《ムン》島を無断で占拠、ここを海軍基地化しようとした。

それはロシアへの牽制《けんせい》であり、ロシアはイギリスと手打ちし、元山のロシア軍港化を断念せざるをえなかった。朝鮮半島の主権は無視され、大国の駆け引きの場にもなっていたのだ。

ただ、元山の軍港化を断念しても、ロシアは李朝になお浸透をつづけた。日清戦争に日本が勝利したのちも、李朝とロシアは強く結びついた。その後の三国干渉という事件（6章219ページ参照）で、日本がロシアの要求に屈したから、日本とロシアのどちらが強いかは、朝鮮半島の支配者には明らかだった。国王・高宗《こうそう》は王宮を離れ、ロシア公使館へと移り、ロシアの事実上の保護下に入っている。

このころ、すでにロシアは満洲に基盤をつくっている。ロシアが満洲と陸つづきの朝鮮半島にも強い浸透をつづければ、朝鮮半島はロシアの「回廊化」する。朝鮮半島は、ロシアによる日本侵攻のための突端《とったん》となる。日本にとって、ロシアによる朝鮮半島の「回廊化」は悪夢以外の何物でもなかった。

1900年ごろの東アジアにおける日・露・英の勢力図

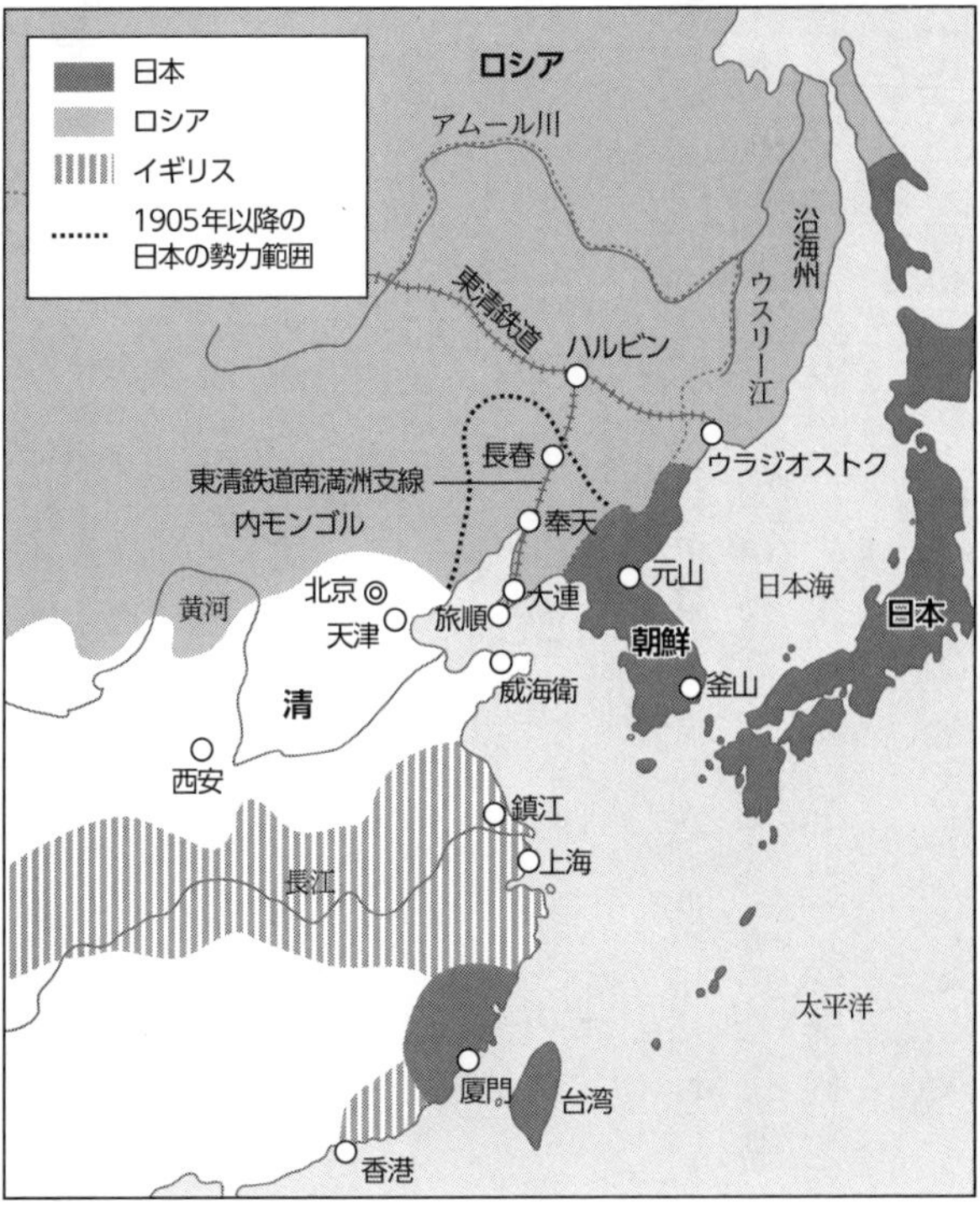

そこから日本が選択したのはロシアとの戦いである。１９０４年にはじまった日露戦争は、朝鮮半島のみならず満洲を舞台にし、勝利した日本はロシアを朝鮮半島から遠ざけることに成功する。

戦後、日本は朝鮮半島を保護国化したのち、１９１０年には併合している。これにより、日本は朝鮮半島由来の危機をいったんは完全に封じこめたのである。

日本が「朝鮮半島の直接統治」を選択した理由

1910年の日韓併合にはじまった朝鮮半島の直接統治は、日本が第2次世界大戦に敗れるまでおよそ36年間つづく。それは、朝鮮半島の歴史のなかでまったく異質な時代である。これまで中国や満洲の王朝は朝鮮半島を従属させることで満足し、直接統治したことはなかった。けれども、日本は朝鮮半島の住人を異なる言語で直接統治しようとしたのだ。

日本が面倒な直接統治を選んだのは、朝鮮半島の近代化を急いでいたからでもあるだろう。朝鮮半島が近代化してこそ、朝鮮半島は強い存在となり、他の大国の浸透を受けないと考えていたのだ。つまり、2度と朝鮮半島が大国によって「回廊化」しないことを望んだのである。

もちろん、直接統治は容易ではない。しかも近代化を目指した直接統治となると、困難が予想される。それでも日本は直接統治を選び、そのために朝鮮半島の住人に強制もした。朝鮮半島では1919年に「三・一運動」という抵抗運動が起きているが、これを力で抑えこんでいる。

日本が「統治不能」のはずの朝鮮半島を統治できたのは、ひとつには日本自身に「統治不能」の国を統治した経験があったからだ。

それは、ほかならぬ日本である。すでに述べたように、島嶼《とうしょ》国家も半島と同じく「統治不能」の側面を持つ。日本も明治維新を迎えるまで、大名が各地を治める地方分権のバラバラ状態にあった。明治以降の政府はそのバラバラな日本をまとめるために苦労し、強権もふるってきた。このときの知恵と経験が、朝鮮半島に活かされたのである。

ただ、日本による直接統治の事実が、現在、朝鮮半島の住人の日本敵視の原因になってもいる。従属はしても、直接支配されたことのない歴史が、朝鮮半島にはある。日本の直接統治は、朝鮮半島の歴史の汚点に思われているからだ。

また、日本の朝鮮半島支配は、日本の破滅にもつながっている。日本が朝鮮半島の守りを確実化したいと思いはじめたとき、その先にあるのが満洲であった。満洲に日本の息のかかった国を建国すれば、朝鮮半島は満洲によって守られる。それが、関東軍による満洲国の建国につながる。

満洲国建国には、もうひとつの意味があったとも思われる。1910年から朝鮮半島統治を行なってから、日本の政治家があらためて知ったのは、朝鮮半島の統治のむずかしさである。朝鮮半島の住人の面従腹背《めんじゅうふくはい》ぶりにも、勘づいていたかもしれない。1945年に日本が日米戦争に敗れたのち、朝鮮半島の住人は半島内から故国を目指す日本人をたびたび襲撃している。その面従腹背を見通していたから、広大で統治しやすいと思われる満洲を、朝鮮半島に代わるフロンティアにしたかったのではないか。

ただ、満洲国の建国以後、日本は東京の政府と満洲にある陸軍勢力により二分される。それが日米戦争へとつながり、日本はいったんは破滅の淵《ふち》を見て、朝鮮半島から撤退していく。

なぜ、アメリカは「一度見捨てた韓国」を救済したのか？

1945年、日本が朝鮮半島から撤退したのち、朝鮮半島は分断される。朝鮮半島北部にはソ連軍が侵攻し、共産国家の樹立を目指し、これが金日成《キムイルソン》を領袖《りょうしゅう》とする北朝鮮（朝鮮民主主義人民共和国）となる。一方、朝鮮半島南部にはアメリカ軍が進駐、現在の韓国（大韓民国）が生まれるが、すぐに朝鮮半島で戦乱がはじまった。1950年、金日成の命令のもと北朝鮮軍は韓国に侵攻、朝鮮戦争となったのだ。

朝鮮戦争の遠因は、アメリカのいったんの韓国放棄にある。アメリカ軍は占領した朝鮮半島南部に軍政を敷いたが、それは破綻《はたん》したも同然であった。アメリカは、朝鮮半島についてまったくの無知であり、統治の準備も知識もなかった。日本が朝鮮半島を併合する以前、朝鮮半島が統治不能の地であると見なしたアメリカ人はいたのだが、それは遠い過去の話である。朝鮮半島に数十年かかわったすえ直接統治に乗り出した日本と違い、アメリカは朝鮮半島が統治不能であることを知らなかったといっていい。

アメリカの軍政下、朝鮮半島南部ではたびたび騒擾《そうじょう》が起きていた。当初、アメリカ軍政は共産主義に寛容だったから、朝鮮半島北部から共産主義者の流入が絶えず、共産主義者と反共主義者の対立、殺し合いを繰り返していた。済州島《チェジュ》では、韓国の反共主義者による島民虐殺まであった。

アメリカ軍政は統治に悲鳴をあげており、さっさと韓国を独立させたかった。これが1948年の韓国独立となり、アメリカの軍政は3年間で挫折したことになる。

韓国の初代大統領は、李承晩《イスンマン》である。両班《ヤンパン》（高麗、李氏朝鮮王朝時代の官僚機構・支配機構を担《にな》った特権階級）出身の李承晩はアメリカの大学で学び、暮らした経歴があり、英語を話せた。アメリカは李承晩を通じて、韓国をコントロールすればよいとでも思っていたようだが、これまた破綻する。

李承晩政権の腐敗はすぐ明らかになったし、李承晩は共産主義者を徹底的に弾圧した。

アメリカには、李承晩による弾圧は常軌《じょうき》を逸《いっ》した「白色テロ（共産主義勢力などの反政府運動に対する為政者側の暴力的弾圧行為）」にも見えたから、アメリカは朝鮮半島を放棄したくなった。

それが、1950年1月、アメリカのアチソン国務長官の声明となる。アチソン声明によれば、アメリカの東アジアの防衛ラインは日本列島、沖縄、フィリピンとし、韓国と台湾を除外しているのだ。当時、台湾でも蔣介石《しょうかいせき》の国民党による白色テロが吹き荒れていたから、アメリカは韓国、台湾を腐敗した独裁国家として自らの勢力圏からいったん排除しようとしたのだ。

アチソン声明は、北朝鮮の金日成を野心的にさせた。このとき、金日成はソ連のスターリンに侵攻の許可を求め、支援を仰いでいる。

金日成はソ連軍を朝鮮半島に引き入れようとしたのだが、スターリンは慎重であり、朝鮮半島のむずかしさをよく知っていたようだ。スターリンは兵器の支援のみを約束し、直接かかわるのを嫌がった。朝鮮半島でアメリカ軍が本格的に動くようなら、毛沢東《もうたくとう》の中国にやっかいな朝鮮半島を押しつけようとも考えていたようだ。

こうして朝鮮戦争がはじまると、アメリカ＝韓国軍は北朝鮮軍の前に敗走をつづける。

アメリカは韓国の防衛を軽視して、軽装備の軍しか置いていなかったから、アメリカ＝韓国軍は釜山《プサン》周辺にまで追い詰められる。

この過程で、アメリカは朝鮮半島がソ連の「回廊化」をはじめていることを悟る。北朝鮮の背後にあるのはソ連であり、北朝鮮による半島統一は、ソ連と共産主義勢力による朝鮮半島の「回廊化」である。共産主義の「回廊」は、日本列島にまで伸びかねない。

このとき、アメリカは日本列島の視点で朝鮮半島を見たから、朝鮮半島が共産主義の回廊に映ったのである。朝鮮半島という「回廊」を利用して、共産主義勢力が日本までを共産化するか、あるいはソ連が日本を奪うなら、アメリカは日本列島という東アジアの拠点を失う。日本列島を失うなら、アメリカは日米戦争を戦った意味さえも失う。

そこから先、アメリカは朝鮮半島での巻き返しに討って出る。アメリカ軍を主力とする国連軍は朝鮮半島西岸の仁川《インチョン》に上陸、逆襲をはじめる。背後を突かれた北朝鮮軍は潰走《かいそう》し、国連軍は北朝鮮内を北上することになる。

朝鮮戦争があぶり出した「大国の思惑」とは

北朝鮮軍の韓国侵攻にはじまった朝鮮戦争は、やがて大国を巻きこんだ大国同士の戦争

朝鮮戦争の経過

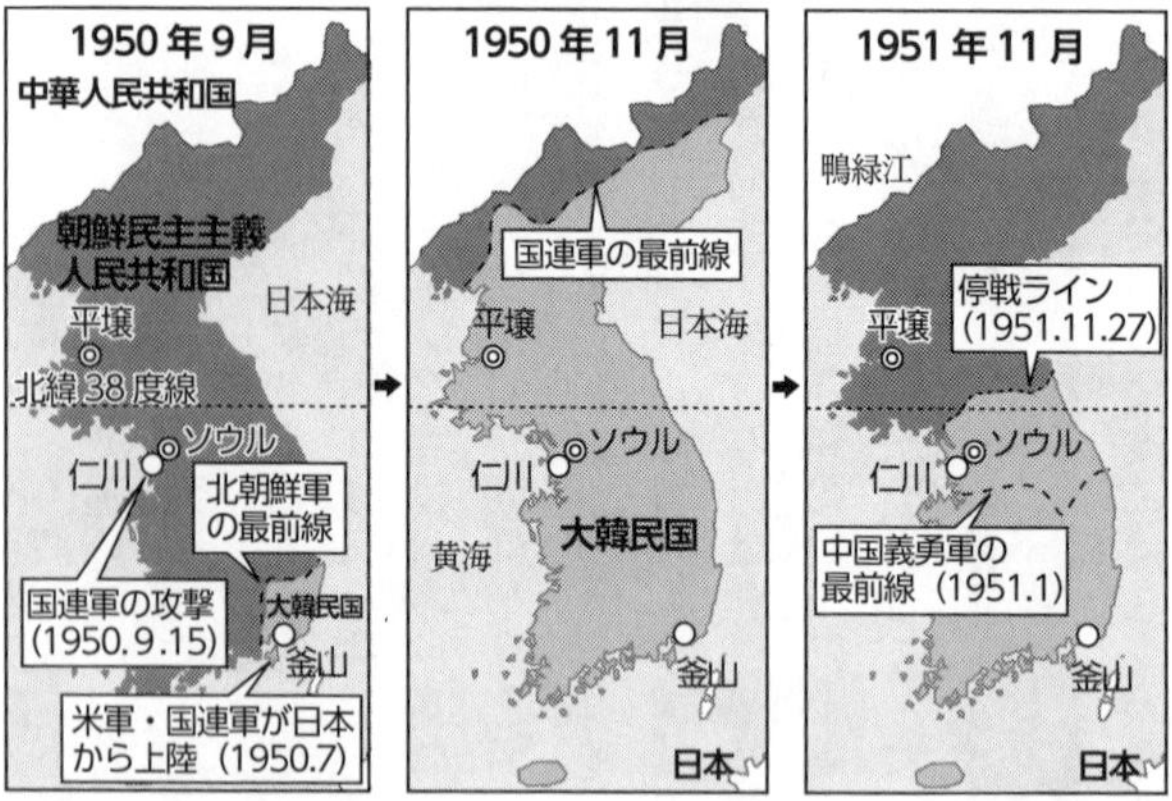

に変貌する。国連軍が仁川上陸作戦を成功させ、北朝鮮内へと侵攻、北上をつづけていったとき、新たに登場したのが中国軍であった。

窮した北朝鮮の金日成は、毛沢東率いる中国共産党政府に支援を要請する。要請に対して毛沢東は決断し中国軍を朝鮮半島に派遣した。これにより戦況は一変し、中国軍は国連軍を押し戻し、北緯38度線で戦線は膠着《こうちゃく》化してしまった。

半島は大国を引きこみ、大国同士が戦う戦場ともなるが、朝鮮半島はその典型だろう。いつしか当事者である朝鮮半島内部の国家の戦いではなく、朝鮮半島を舞台にした大国同士の戦いとなった。日清戦争もそうだったし、日露戦争もそうだった。そして、朝鮮戦争もアメリカ軍対中国軍の戦争になってしまっていた。

毛沢東の中国が、朝鮮戦争への参戦を決断したのも、朝鮮半島を危険な「回廊」視したことにあるだろう。中国と北朝鮮は国境を接している。アメリカを主力とする国連軍が北上し、中朝国境にまで到達するなら、アメリカによる「統一朝鮮」が誕生する。朝鮮半島は、日本列島から満洲（中国東北部）へと到達するアメリカの「回廊」となる。アメリカの「回廊化」された朝鮮半島は、中国に対する危険な導火線になりうるため、毛沢東はこれを阻止すべく、朝鮮半島の戦いに加わったのだ。

朝鮮半島を「回廊」視しはじめたのは日本なのだが、朝鮮戦争を通じて、アメリカ、中国までもが朝鮮半島を「回廊」視しはじめていたのである。

朝鮮戦争は38度線で膠着したまま、1953年7月に休戦となる。だが、こののちもアメリカと中国、ロシアの対立の地となっている。お互いが、朝鮮半島を「回廊」視しているからだ。

朝鮮半島における緊張は、いまなおつづいている。北朝鮮は中国とロシアとの関係を維持しようとし、韓国はアメリカをアテにしている。

中国もアメリカも、朝鮮半島を「回廊」と見なしているので、アメリカが韓国を支援しているかぎり、中国は韓国による朝鮮半島統一を望まない。アメリカもまた、北朝鮮が中国と通じているかぎり、北朝鮮による統一を認めない。結局、よほどの事件でもないかぎり、朝鮮半島の統一はむずかしくなっている。

なぜ、北朝鮮は「朝鮮半島で希有の独立国家」となりえたのか？

朝鮮半島は、日本が19世紀に大国の「回廊」視しはじめてから、動乱の半島となり、地政学的な地位を高めた。ただ、朝鮮半島には、「回廊」視される以前の特質も残りつづけている。大国に従属し、大国によって安全を保障されるという特質だ。

この従属の特質がもっとも残っているのは、韓国だろう。韓国はアメリカの庇護《ひご》のもと、日本を活用しながら、経済成長を遂げ、民主化を果たしてきた。韓国はその防衛をアメリカ頼みにしてきたが、21世紀を迎える頃から、アメリカ一辺倒の従属から抜け出そうとしている。それが、中国への接近となっている。

1980年代まで、中国は軍事大国ではあっても、経済は低いレベルにあった。韓国にとって、中国はかつての宗主国ながら、仰《あお》ぎ見るような国でも何でもなかった。けれども1990年代から中国が急速な経済発展を遂げ、大国としての自信を持つようになると、韓国の中国観は一変する。韓国の政治家のなかには、アメリカから離れ、中国に密着、追《つい》随《ずい》しようという動きが現れはじめた。

朝鮮半島では、伝統的に中国への従属があったが、21世紀になってその従属意識が韓国で復活しようとしてもいる。中国経済がやがてアメリカ経済を追い抜くなら、アメリカよりも中国に従属したほうが、自らの地位を上げることにもつながると韓国の住人は考えているようだ。

2015年、韓国はアメリカの制止を無視して、中国主導のＡＩＩＢ（アジアインフラ投資銀行）に参加している。この件はアメリカの機嫌を損ねたが、つづいて韓国の朴槿恵《パククネ》大統領は、中国・北京の天安門広場での抗日戦勝70周年大会に参列している。これもアメリカの自制要求を振り切っての話で、こののち、朴槿恵大統領はアメリカのオバマ大統領からどちらの味方なのか難詰《なんきつ》されている。

現在のところ、アメリカの怒りに触《ふ》れるのを避けるため、韓国はことさらの中国への接近を控えているが、この韓国の動向はかつての朝鮮半島王朝を思わせる。李朝は満洲のホンタイジに臣従するように求められながらも、中国の明王朝に接近し、ホンタイジを激怒させた。韓国の従属の体質は、李朝時代と変わっていないのだ。大国に囲まれているという地政学的な事情は、韓国により快適な従属を選ばせようとしているのだ。

一方、北朝鮮はというと、一個の独立した国家のように振る舞おうとしている。もともと、北朝鮮はソ連の傀儡《かいらい》国家のように誕生していた。当初はソ連の支援なくしてはありえず、政権内にもロシア人の姿があった。けれども、北朝鮮の最高指導者であった金日成はソ連派を粛清《しゅくせい》、追放していき、ソ連の傀儡国家から脱している。

たしかに現在、北朝鮮の経済は中国に完全に依存し、中国の支援なしには北朝鮮は立ちゆかない。それでも、北朝鮮は時に中国との関係にひびが入るのも辞さない。北朝鮮の最高指導者・金正恩《キムジョンウン》は、ひと頃中国の習近平主席を激怒させてもいた。

現在、北朝鮮は弾道核ミサイル開発に熱心である。それは、大国から認められる独立国家でありたいという願望からきている。弾道核ミサイルを保有したら、大国からの恫喝《どうかつ》にも屈することがないし、アメリカの大統領とも一対一で話ができる。

北朝鮮の弾道核ミサイル保有は、日本に核保有の道を歩ませかねないし、東アジアにも戦乱を招きかねない。北朝鮮に友好的な中国にしろ、ロシアにしろ、北朝鮮に核を保有させることは、安全保障上、得策ではない。とくに日本が核を保有する理由にはさせたくない。けれども、中国、ロシアとて北朝鮮を制止できない。北朝鮮は、朝鮮半島では稀《まれ》な従属的でない独立国家であろうとしているのだ。

それは、北朝鮮の得た地政学的な地位によるだろう。中国、ロシアにとって、北朝鮮はアメリカ、日本に対する最前線である。安易には潰せない。

しかも、北朝鮮は中国とロシアを天秤《てんびん》にかけられる。中国と気まずい仲になれば、ロシアに接近すればいいし、ロシアがアテにならないのなら、中国の利用を考えればいい。中国、ロシアもそうした北朝鮮の振る舞いを苦々《にがにが》しく思いながらも、アメリカに対する楯《たて》を失いたくないから、北朝鮮に対して強硬な姿勢に出られないでいる。

北朝鮮の指導者は、このことをよく知っている。だからこそ、弾道核ミサイルを熱心に開発し、アメリカや日本を挑発することで、自らの地位を中国、ロシアに誇示《こじ》しているのだ。

韓国が「アメリカと一心同体になれない」思想的理由

朝鮮半島の地政学的な特徴のひとつは、中国大陸に近いところである。黄海を隔てて、対岸には中国大陸があり、ソウルは東京よりも北京や南京にはるかに近い。そこから、朝鮮半島には、「小中華思想の半島」と化した側面がある。

小中華思想とは、中国大陸由来の中華思想の亜流である。中華思想をもとに、朝鮮半島の置かれた事情から生まれたのが小中華思想となる。

中華思想とは「中国こそが世界の中心、文明の中心であり、文明の中心では礼が尊《とうと》ばれ、みごとに実行されている」という考え方だ。中華思想では、中国に近い国ほど文明のレベルが高く、礼が重んじられる。中国から遠くにあるほど、礼は失われ、蛮夷《ばんい》の国となる。

中華思想は儒教のなかに強く組みこまれ、朝鮮半島も14世紀の李朝成立ののち、儒教国家となった。

中華思想によるなら、中国にもっとも近い国は朝鮮半島の国なのだから、朝鮮半島は中国に次いで文明レベルの高い国となる。李朝にはそうした中華思想があり、中国以外の国を見下してきた。日本や満洲を格下の蛮夷と思っていたのだ。李朝の国王が満洲のホンタイジを馬鹿にし、明に臣従をつづけようとしたのも、中華思想のなせる業《わざ》だ。

朝鮮半島には、中華思想とともに儒教までも根づいたから、朝鮮半島の従属志向を強くしたともいえる。中華思想に上下があるように、儒教にも上下の考え方が強い。だから、東アジアの儒教圏では、平等という考えはない。優越的な立場になるか、従属しかない。朝鮮半島に中華思想と儒教が根づくに従い、朝鮮半島は大国に従属的になってしまうのだ。

ただ、17世紀、中華思想の大本であるはずの中国大陸は、満洲族の清帝国によって征服される。以後、満洲族の弁髪《べんぱつ》（頭の周囲の髪をそり、中央に残した髪を編んで後ろへ長く垂《た》らしたもの）をした皇帝が中国大陸を統治するようになったとき、朝鮮半島の国王や両班たちはこれを認めたくなかった。本来、蛮夷でしかない満洲族が文明の中心に据《す》わるのは、朝鮮半島の者にとって、ありえない話であった。

李朝は満洲族のホンタイジの軍の前に2度も屈しながら、現実を無視して、あるべき姿を頭のなかで追い求めようとした。そこから、明の滅亡ののち、世界の中心、文明の中心は朝鮮半島に移ったと考えるようになった。朝鮮半島こそが世界の中心であるという考えであり、これが小中華思想である。

小中華思想に似た、自らの国を世界一と考える意識は、どの国にもある。いまの日本にもあるのだが、たいていの国は現実を見て、現実のバランスのなかで生きようとする。けれども、朝鮮半島には小中華思想が根づいてしまったのだ。

そこには、儒教の一系統である朱子学の影響も大きいが、朝鮮半島の置かれた地政学的な事情も手伝っている。朝鮮半島は、周囲の大国に従属を強《し》いられてきた。20世紀になると、日本による直接統治も受けた。こうした従属の反動が、朝鮮半島での小中華思想を育てている。大国に挟まれた苦しい現実から解放されたいと思えば思うほどに、自国が中華思想の大本であり、本来は世界から尊敬を受けなければならないと考える方向に向かってしまうのだ。

朝鮮半島に根づいた小中華思想は、いまの韓国の思考にも残っている。韓国の住人が日本統治時代を絶対的な悪と見なすのも、日本が韓国より遅れた蛮夷の国だったからという小中華思想による。

世界でもっとも礼を重んじる国が、礼の何たるかも知らない野蛮人に統治されていいはずがないと考えるから、日本統治への批判がやむことはない。日本が謝罪しようと何をしようと、解決できる問題ではないだろう。

韓国に根づく反米感情もまた、小中華思想によるものだろう。たしかにアメリカは近代文明の国だが、礼の国ではない。韓国の住人は、アメリカはじつは蛮夷の国であると内心で思っているから、アメリカが韓国の保護者然としていることがゆるせない。それが、韓国内での反米デモにもつながっているのだ。

韓国がアメリカから離反し、中国に追随しようという動きを見せるのも、小中華的な感情からだ。蛮夷の国の下にあるより、もともとの中華思想の本家の国に付き従ったほうが、すっきりする。現在の中国もまた礼の国ではないと知りつつ、そう考えてしまうのだ。

現代にあっても「統治不能の地」となっている朝鮮半島

多くの半島は統治不能の地であり、いまの朝鮮半島も統治不能の地となっている。たしかに北朝鮮でも、韓国でも、首都の政府は機能している。李朝時代のように、地方での反乱や騒擾もない。けれども、北朝鮮の政権も韓国の政権もギリギリのところで成り立っているのが現実だ。

北朝鮮の場合、金一族による体制が維持できているのは、恐怖政治による。金日成は、ソ連仕込みの恐怖政治と統制を北朝鮮に導入した。おかげで大規模な反乱を経験していないが、代わりにまともな統治を放棄してきた。だから、北朝鮮の政権は住人が餓死しようと、平然としていられるのだ。

一方、韓国の場合、たしかに民主主義が達成され、経済成長を遂げてきたが、歴代大統領の地位は不安定である。朴正熙《パクチョンヒ》大統領は暗殺され、全斗煥《チョンドファン》、盧泰愚《ノテウ》、李明博《イミョンバク》、朴槿恵といった歴代大統領は投獄の憂《う》き目に遭い、盧武鉉《ノムヒョン》に至っては、退任後に自殺に追いこまれている。韓国の歴代大統領は、退任後に往々にしてその統治の過去が問われ、住人に断罪される。韓国では元大統領の尊厳や地位が守られることはなく、暗い牢獄生活を送ることになる。大統領の未来に獄中が待っている世界は、統治不能に近い。

韓国が統治不能であるのは、民衆蜂起が無条件に正当化されてしまっているからだ。とくに光州《クアンジュ》事件の解釈によるところが大きい。1980年、前年の朴正熙大統領暗殺によって無秩序化寸前の韓国にあって、光州で民衆蜂起が起きる。これに対して全斗煥は軍を出動させ、鎮圧している。それは韓国の融解《ゆうかい》を阻止するためのやむをえない行動とも解釈できるが、全斗煥はその民衆弾圧の罪を問われ、一方的に断罪されつづけている。

光州事件の真相は、いまなおよくわかっていない。北朝鮮の策動があったともいわれる。全斗煥の主張は無視され、完全な悪人扱いだ。

韓国で民衆蜂起が「絶対の正義」となっているのは、中央政府に対して地方の反乱がつづいた「統治不能」の歴史の記憶があるからだ。韓国では「統治不能」を招く反乱が支持され、蜂起を潰した者は悪人として糾弾《きゅうだん》されつづけるのだ。

2017年、韓国では朴槿恵大統領が憲法裁判所によって罷免《ひめん》されている。朴槿恵を罷免に追いこんだのは、韓国内での「ろうそくデモ」である。ろうそくデモは韓国内でもてはやされ、ろうそくデモの前には、朴槿恵大統領もまったくの無力であった。ここにも、韓国の統治不能の現実が表れているのだ。

3章

クリミア半島に見る国家威信の地政学

なぜ、ロシアは「ウクライナからクリミア半島を奪った」のか？

２０２２年2月のロシア軍によるウクライナ侵攻において、いまもっとも注目されている半島がクリミア半島だろう。２０２２年の侵攻よりも前の２０１４年、ロシアは突如としてクリミア半島をウクライナから奪い、クリミア共和国として一方的に独立させた経緯がある。

以来、クリミア半島は何をしでかすかわからないロシアの象徴となっている。この先、ウクライナでの戦争の行方によって、その帰属は予測不可能でさえある。

クリミア半島については、東にはアゾフ海があり、南と西には黒海《こっかい》が広がっている。北ではウクライナと地つづきになっている。けっして大きな半島ではなく、日本の九州よりも小さい。

ロシアがその小さなクリミア半島をウクライナから巧妙に奪ったのは、クリミア半島に地政学的に大きな意味があったからだろう。クリミア半島は、黒海を制する拠点になるのみならず、ウクライナやジョージアに睨《にら》みを利《き》かせる拠点となるからだと考えられる。その起点になるのが、クリミア半島のセヴァストポリである。

クリミア半島

多くの半島では山が海に迫《せま》り、良港に恵まれる。クリミア半島の北の多くは平地であるが、南にはクリム山地があり、クリム山地の麓《ふもと》にあるのがセヴァストポリ港である。

この港も良港であり、ロシアはクリミア半島をウクライナから奪ったのち、ロシア黒海艦隊の完全な根拠地とした。

それまでロシアは、黒海の東岸にあるノヴォロシースクを黒海艦隊の根拠地とし、セヴァストポリ軍港も使用できた。ただ、セヴァストポリ軍港の使用については、ウクライナとのあいだで揉《も》めており、ロシアはセヴァストポリ軍港を我が物にしたかった。

セヴァストポリは、黒海の「へそ」のような存在である。黒海の中央よりやや北に位置し、黒海を制する拠点として機能し、黒海沿岸諸国に睨みを利かせられる。ロシアを除く黒海沿岸諸国には、ウクライナ、ルーマニア、ブルガリア、トルコ、ジョージアなどがある。セヴァストポリは、これらの国に対する「押さえ」にもなるのだ。

クリミア半島を奪取したロシアの「もうひとつの狙い」とは

ロシアがウクライナからクリミア半島を奪ったのは、たんにセヴァストポリ軍港確保のためだけではないだろう。クリミア半島は、ウクライナの脇腹をえぐり、ウクライナを海上封鎖できる位置にあるからだ。

2014年のロシアによるクリミア半島奪取以前、ウクライナは東側のみでロシアに備えればよかった。けれども、ロシアがクリミア半島を獲得したことで、ウクライナは南からもロシアの攻勢に備えなければならなくなっている。ロシアはウクライナの東方国境に加え、南から圧力をかけつづけることで消耗させ、ウクライナの住人の気力を萎《な》えさせようとしているのではないか。

しかも、ロシアはクリミア半島を使って、ウクライナに海上封鎖を仕掛けることもできる。ウクライナが面している海は、アゾフ海と黒海のみだ。

黒海は内海のように見えるが、ボスポラス海峡を通じて、地中海、大西洋への航路がつながる。そのウクライナの黒海へ通じる地域は、東のアゾフ海沿岸と西の黒海沿岸となる。ロシアがクリミア半島を自由にできれば、まずは、アゾフ海を容易に封鎖できる。

アゾフ海は、クリミア半島とロシア側のタマン半島によってかたちづくられている。クリミア半島とタマン半島のあいだにあるケルチ海峡は狭く、ケルチ海峡以外にアゾフ海から黒海への出入り口はない。

クリミア半島を奪った瞬間から、ロシアはアゾフ海を封鎖したも同然となっている。ケルチ海峡を挟むふたつの半島が、ともにロシアのものになったからだ。しかも、ロシアはケルチ海峡にクリミア大橋まで架け、ケルチ海峡が誰のものであるかを示してきた。

こうして残るは、ウクライナの黒海沿岸となるが、アゾフ海はすでに封鎖したも同然だから、ロシアの黒海艦隊はウクライナの黒海沿岸の封鎖に集中しやすい。セヴァストポリの黒海艦隊が機能すれば、ウクライナの黒海沿岸を封鎖できるだろう。

このように、クリミア半島はウクライナに対する海上封鎖の拠点となる。だからこそロシアはウクライナを従属させるために、まずはクリミア半島を奪ったといえる。

半島の軍港を拠点に、ジョージアに睨みを利かすロシア

ロシアがウクライナからクリミア半島を奪ったのは、ジョージアに対する睨みを利かせるためでもあるだろう。クリミア半島のセヴァストポリ軍港を機能させれば、ロシアの黒海艦隊はジョージア沖に遊弋《ゆうよく》できる。ジョージアに対する海上封鎖も不可能ではない。

ジョージアは、カフカス山脈を抱え、黒海に面する国であり、ロシアとの仲は険悪だ。ジョージアは「グルジア」の名で旧ソ連の構成国であったが、ロシアの影響圏から離脱を図ってきた。

ジョージアは、グルジア時代にNATO（北大西洋条約機構）に接近し、これが2008年の「ブカレスト宣言」となる。ルーマニアの首都ブカレストにおけるNATO首脳会議では、アメリカのブッシュ大統領がウクライナとグルジアのNATO加盟を提案した。このとき、フランスとドイツの反対があり、早期加盟はありえないとしたものの、将来的にはグルジアとウクライナのNATO加盟が認められたのだ。

ブカレスト宣言からおよそ4か月のち、グルジアで起きたのは「南オセチア紛争」である。グルジア内の南オセチア自治州とアブハジア自治共和国がグルジアからの分離・独立

を求めた紛争であり、背後にあったのはロシアである。紛争では、ロシア軍の前にグルジア軍は敗退、ロシアは南オセチアとアブハジアを独立国として承認した。

現在、ロシアとウクライナの戦争は、ロシアがウクライナのNATO加盟を阻止するためのものだが、同じような戦争をすでにグルジアも体験していたのだ。ロシアは、グルジアにNATO加盟の代価がいかに高くつくかを思い知らせようとしていた。

アブハジアと南オセチア

ただ、それは、逆効果であったようだ。グルジアはこの敗北によって、反ロシアをより明らかにし、ロシア語式の「グルジア」という国名を英語式の「ジョージア」という呼び方に変えている。

南オセチア紛争にあっては、ロシアの黒海艦隊がアブハジア沖に遊弋し、グルジア軍の艦艇を攻撃している。ロシアはセヴァストポリの黒海艦隊をさらに強化することで、ジョージアに睨みを利かせようとしている。ジョージアがN

ＡＴＯ加盟に強く動こうとすると、ロシアはクリミア半島のセヴァストポリにある黒海艦隊の存在をちらつかせるだろう。

ロシアは現在、ウクライナとジョージアのＮＡＴＯ加盟をなんとしても阻止したい立場にある。そのためにも、セヴァストポリのあるクリミア半島を確保したいのだ。

かつてはモスクワを脅かす存在だったクリミア半島

ロシアがクリミア半島を欲したのは、黒海を制し、ウクライナに圧力をかける以外にも理由がある。

クリミア半島は、ロシアの栄光と屈辱が詰まった地であり、だからこそクリミア半島をロシア化し、完全なるロシアの領土にしたいのだ。クリミア半島の帰属がぶれるようなことがあれば、ロシアの住人は自信をも失いかねない。

クリミア半島をロシアがはじめて領有したのは、じつは18世紀後半のことである。では、それまでクリミア半島を支配していたのは誰だったかというと、タタール人たちだ。現在も、クリミア半島にはクリミア・タタール人たちが居住しているが、彼らは、かつてクリミア半島とその周辺に勢力を築いていたタタール人の末裔《まつえい》である。

クリミア半島にタタール人が居住するようになるのは、8世紀以降のことである。13世紀、モンゴル帝国の南ロシア、ウクライナの大征服ののち、南ロシアにはモンゴル人によるジョチ・ウルス（キプチャク＝ハン国）が築かれた。

このジョチ・ウルスの一部を継承したのが、クリミア・タタール人によるクリミア＝ハン国である。彼らはイスラム化していて、15世紀半ばからオスマン帝国に臣従《しんじゅう》しながら、ひとつの国家としてありつづけてきた。

クリミア＝ハン国は18世紀の後半まで、現在のロシア、ウクライナの地の重要なプレイヤーであった。時にはモスクワを脅《おびや》かしたから、モスクワはクリミア＝ハン国に貢《みつ》ぎ物をしなければならない時代がつづいた。

クリミア＝ハン国の背後にあったのは、コンスタンティノープルを都とするオスマン帝国である。15世紀から17世紀にかけてオスマン帝国は強大な勢力であり、黒海を自分たちの海としていた。ロシアもオスマン帝国と事を荒立てたくはなく、クリミア＝ハン国に強い圧力をかけられないままだった。当時、クリミア半島は、イスラム勢力がロシアに睨みを利かせる拠点のようなものでもあったのだ。

18世紀後半、オスマン帝国が衰退していくと、クリミア＝ハン国はロシアに押されていく。そしてロシアは、エカチェリーナ2世の時代にクリミア＝ハン国を領有する。

それは、ロシアにとって二重三重の意味で輝かしい瞬間であった。ロシアは長く苦しめられたイスラム勢力のタタールをついに撃ち破ることができたからだ。加えてロシアは、黒海への入り口を得ることにもなった。クリミア半島を手にしたことで、やがては黒海をロシアの内海にもさせられる。ロシアにとってクリミア半島は、躍進《やくしん》のためのエンジンにも映っていただろう。

ロシアは、クリミア半島を手に入れたのち、セヴァストポリ要塞を築き、ここを黒海制覇の一大拠点にしようとした。オスマン帝国はこれを嫌い、ロシアとの戦争に挑《いど》んだが、退《しりぞ》けられている。

クリミア半島征服が、ロシアにとっていかに喜ばしい出来事であったかは、エカチェリーナ2世のクリミア半島行幸が象徴しよう。このとき、家臣のポチョムキンは、クリミア半島がいかによく治まっているか演出している。「ポチョムキン村」として知られている話だが、クリミア半島征服をロシアは美しい物語にしたかったのだ。以後、クリミア半島にはロシア人、ウクライナ人の入植もはじまっている。

「帝政ロシア崩壊のきっかけ」となったクリミア戦争

19世紀半ば、クリミア半島は一大激戦地となる。イギリス、フランスの艦隊が黒海に進出し、クリミア半島に上陸したのち、セヴァストポリ要塞の攻略にかかったからだ。これが、クリミア戦争である。

クリミア戦争は、もともとロシアとオスマン帝国の戦争であった。ロシアは、オスマン帝国相手に勝つことで新たな領土拡大を狙っていた。そのロシアの拡大を嫌ったのが、イギリスとフランスである。イギリス、フランスはトルコに味方し、ロシアに宣戦を布告、セヴァストポリ要塞を攻略目標とした。

英仏がセヴァストポリ要塞攻略に全力をあげたのは、ロシアの南下をもっとも効果的に遮断し、ロシアをぐらつかせたかったからだろう。セヴァストポリを根拠地にロシアが黒海を自由にするなら、オスマン帝国の領土はロシアによってさらに切り取られるだろう。それはロシアの南下を意味し、イギリス、フランスはロシアの野心をクリミア半島で打ち砕かねばならないと判断したのだ。

ロシアは、セヴァストポリ要塞を強固な要塞とし、難攻不落を誇っていた。イギリス、フランスは、ロシアの自信の根源を潰したかった。

セヴァストポリ要塞の戦いは1年もの包囲戦となったのち、要塞は陥落する。ロシアはセヴァストポリ要塞に自信を持ちすぎていたのか、有効な援護ができなかった。戦後のパリ条約では、セヴァストポリからいっさいの軍事施設を撤去させられている。

セヴァストポリの陥落は、ロシアにとって大きな挫折であり、ロシアは自国の後進性を悟る。これがアレクサンドル2世による改革の起点にもなる一方、ロシアの知識層は自国の後進性の原因をロシアの皇帝の頑迷《がんめい》に見た。

そこから先、ロシアには無政府主義や革命思想が跋扈《ばっこ》し、20世紀には革命によってロシアの帝政は消滅している。クリミア半島でロシアの住人が自信を打ち砕かれ、新たな時代を模索した結果である。

ウクライナが再びクリミアを手にしたとき、ロシアはどう出る?

現在、クリミア半島を実質的に支配しているのはロシアである。2014年にクリミア半島をウクライナから奪ってのちの話だが、それまでクリミア半島に関しては帰属が流動的であった。

クリミア半島の近代を振り返るなら、帝政ロシアが崩壊してから、クリミア半島の支配はソ連に受け継がれる。そのソ連時代の1954年、クリミア半島の管轄《かんかつ》は、ロシアからウクライナに移されている。同じソ連内での管轄移動であったが、これをなしたのが当時のソ連の最高権力者フルシチョフである。

フルシチョフは、ウクライナの出身である。スターリンに怯《おび》えてきた彼にはウクライナ人として振る舞った形跡はほとんどないが、内心ではウクライナに思いがあったのかもしれない。

こののち、1990年代、ソ連の崩壊にともない、ウクライナが独立したときだ。ウクライナは、クリミア半島を領有しつづけたまま、独立を果たしていた。ただ、クリミア半島にはロシア系住人が多かった。加えて、クリミア半島は、黒海の「へそ」であり、地政学的に重要である。

そのため、ロシアはウクライナからクリミア半島を奪ったのだが、多くの国はこれを認めていない。今後、ロシアとウクライナの戦争の行方しだいでは、ロシアがクリミア半島を手放す事態も考えられる。

ただ、ウクライナにクリミア半島が戻ってきたとしても、ロシアが永遠にクリミア半島をあきらめるようなことはないだろう。すでに述べたように、クリミア半島はウクライナの脇腹をえぐるような存在である。

ロシアがウクライナをコントロールするには、クリミア半島を自分の自由にしたい。ロシアがそう考えるかぎり、クリミア半島の帰属は流動的でありつづけるだろう。

「民族混交の地」クリミア半島の行方とは

クリミア半島の帰趨《きすう》が流動的なのは、クリミア半島が多民族混交の地になっているからでもあるだろう。半島の多くは、多民族が混交する地になりがちだ。大陸側から次からつぎへと人が流入するからで、クリミア半島もそうなっている。

現在、クリミア半島に住んでいるのは、ロシア系、ウクライナ系、クリミア・タタール系らである。かつてはクリミア・タタール人がもっとも多かったが、いまはロシア系が全体の半数を超え、最大の勢力となっている。ウクライナ系は全体の2〜3割、クリミア・タタール系は全体の1割程度だ。

半島ではしばしば民族対立が起こり、それはクリミア半島にもある。現在のところ、クリミア半島は、バルカン半島のように民族ごとに細かく割れてはいないとはいえ、民族対立がクリミア半島を流動的にしている。

２０１４年のロシアによるクリミア奪取は、ロシア系住人の支持のもとに行なわれている。ロシアのクリミア半島奪取は、サイバー攻撃を使っての計画的な奇襲だったから成功したのだが、ふつうならウクライナ系住人が黙ってはいなかっただろう。ウクライナ系住人には、だまし討ちされたような鬱屈《うっくつ》があるから、クリミア半島はより分裂に向かうかもしれない。

ロシアが２０１４年の奪取以降に狙っているのは、クリミア半島の「ロシア化」だろう。クリミア半島の住人にロシア系を増やし、圧倒的多数にすれば、クリミア半島のロシア帰属は不動になるだろう。ロシアには、それを疑われかねない歴史がある。ソ連時代、モスクワの政府はクリミア・タタール人をクリミア半島から追放したことがあったからだ。

第2次世界大戦下、クリミア半島は、いったんはドイツ軍に占領されている。このとき、スターリンは、クリミア・タタール人たちがドイツに協力したのではないかと疑い、20万～30万人ものクリミア・タタール人を中央アジア方面へと追放している。こうした少数民族の追放はコーカサスでも起きており、モスクワの政府は少数民族の排除に動くことがある。

現在、クリミア・タタール人は帰還をゆるされたものの、数を減らしてしまっている。

ただ、彼らとてクリミア半島の「ロシア化」は認められないし、それはウクライナ系も同じだろう。クリミア半島は、ロシアに帰属しようと、ウクライナに帰属しようと、帰属をめぐって紛糾《ふんきゅう》する半島になっているのだ。

4章

国際社会を揺らす火薬庫と化した4つの半島

なぜ、インドは「敵国パキスタンの弱体化を望まない」のか？　インド半島①

21世紀、インド半島は世界の中心のひとつになるだろうといわれている。インドは亜大陸のようにもいわれるが、その一方で半島でもある。インド半島としてインド洋に大きく突き出しており、半島の付け根にはパキスタンとバングラデシュがある。

インド半島にあるインドという国自体、近未来の大国と見なされている。いずれ人口で中国を追い抜き、ＧＤＰ（国内総生産）でも日本を抜くだろうといわれる。

ただ、インドはインド半島に位置する「半島国家」でもある。多くの半島が「統治不能」であるように、インドとその周辺は全体として統治不能になっている。

インドの統治がむずかしいのは、その地理的な事情によるだろう。半島の中央にはデカン高原や東ガーツ山脈、西ガーツ山脈があり、多くの河川がある。山地や山脈、河川によって地域は分断され、多くの地域にいまなお独立傾向が強い。

しかも、インド半島は多民族であり、さまざまな宗教が混在している。これは、インド半島に多くの者たちが移住してきた結果である。インド半島の西北にはアフガニスタンと中央アジアの高地地帯がある。古代から、アフガニスタンから中央アジアにあった勢力は、たびたびインドに侵入してきた。その歴史があまりに長いため、広大なインド半島には多くの人種が共存するようになっている。

そのため、インドには公用語のヒンディー語以外に、21の言語が州の言語として公認されている。実際には、８００以上の言語と方言があるとされている。言語が地域ごとに違うということは、インド半島そのものがバラバラである証拠のようなものだ。

インド半島

　言語のみならず、パキスタン、バングラデシュを含めた大インド半島として見たとき、宗教によって大インド半島は大きく分断されている。インドでは古代から、ヒンドゥー教が支配的で

あったが、13世紀頃から、アフガニスタン方面のイスラム勢力がインドに流入し、イスラム国家を建設していく。その仕上げとなったのがイスラム教を掲《かか》げるムガル帝国であり、大インド半島は半ばイスラム化されてしまった。

そのため、20世紀半ばに大インド半島がイギリス支配から独立したとき、ヒンドゥー教のインド、イスラム国家のパキスタン、バングラデシュに分裂してしまった。インドにはいまなお国内に2億人ものムスリムが居住しており、世界で3番目にムスリムの多い国となっている。

大インド半島での宗教対立は深刻である。インドとパキスタンが険悪なのも、宗教の違いからだ。しかも、インドとパキスタンのあいだにはタール砂漠という自然国境くらいしかないから、両者は怯《おび》え合ってもいる。

インドがもどかしいのは、パキスタンを敵視しながらも、パキスタンのあまりの弱体化は望んでいないところにある。パキスタンは、西の山岳国家アフガニスタンの影響を受けやすい。部族の集合体にすぎないアフガニスタンの不安定さが、パキスタンにも影響を及ぼしており、パキスタンはインドよりも不安定だ。

パキスタンがあまりに流動化したり、無政府状態になった場合、その混乱はインドにも及ぶだろう。インドはこれを恐れて、パキスタンを完全に弱体化できないでいる。

かつてのイギリスの支配が〝真の統一〟を妨げている　インド半島②

多くの言語、宗教の混在が示すように、インドは宗教と言語によってバラバラになっている。インド半島は、いまだ内側からは統一されていないに等しいのだ。

インド半島をはじめて統一したのは、じつはイギリスである。イギリスは17世紀以来、インドに侵食をはじめ、19世紀後半、ムガル帝国を滅ぼしたのち、インド半島をまがりなりにも統一した。

ただ、そのイギリスによる統一も、じつは中途半端であった。イギリスはインド各地にあった藩王国をほとんどそのまま残し、彼らに半ば自治を任せていたのだ。藩王国はインドのおよそ半分になるから、インドの半分は、ほぼほったらかしであった。時にイギリスが藩王国に強権をふるうこともあったが、イギリスは藩王国を間接統治しながら、インドをひとつにするしかなかったのだ。

しかも、イギリスは中央集権的に統一されたインドを望まなかった。イギリスはインドの統治を維持するために、分断を進めている。インドの各地域やそれぞれの宗教が対立する方向に誘導し、インドの住人が反イギリスでまとまらないように動いていた。

イギリスによるインドの分断は、鉄道が象徴する。イギリスがインドの各地に鉄道を敷《ふ》設《せっ》したとき、複数の異なるゲージ（軌間）にしている。つまり、1本の鉄道でインドがつながらないように仕組んでいたのだ。

現在のインドは、そうしたイギリス時代を継承している。ゆえに、分断・寸断されたインドを容易には統合できない。まして、宗教の異なるパキスタン、バングラデシュと合体しての「大インド」もありえない。

インド半島がいまなおバラバラであり、真の統一には程遠いということは、インドの大国化には時間がかかるということではないか。半島はいつもバラバラなのだが、長い時間をかけて統合したときに、それまで内に向けられてきたパワーをはじめて外に注《つ》ぎこんで大国化もできる。まだインドは、その段階に達していないのではないか。

現在、インドのモディ大統領はヒンドゥー至上主義によるインドの統一を図っている。ただ、ヒンドゥー至上主義は、ムスリムやインドの少数民族などにとっては賛同できないものでもある。インドの真の統一に時間がかかるようなら、外にパワーを注ぎこむだけの余裕はまだないだろう。インドの真の大国化には時間がかかると思われる。

なぜ、20世紀後半から「地政学な地位を高めた」のか？ インド半島③

インド半島は、近世になって日増しに地政学的な地位を高めた半島でもある。インド洋に突き出し、西にベンガル湾、東にアラビア海をつくり出しているからだ。

古来、インド半島はインド洋交易の要衝《ようしょう》であった。インド洋は、太平洋や大西洋よりもずっと早くから交易の海となっていて、インド洋に突き出したインド半島は交易の要衝となった。7世紀以降、アラビア半島でイスラム勢力が勃興《ぼっこう》し、東アジア方面まで渡海をはじめたとき、インド半島はより重要となった。

15世紀後半以降、西洋諸国がインド洋から東南アジア、東アジアに渡ろうとするときもインド半島は大きな拠点となった。ポルトガルは、インド半島のゴアとムンバイに拠点を築いている。インド洋とインド半島がより重要になるのは、20世紀後半、石油の時代を迎えてからだ。中東から産出される石油は、インド洋からマラッカ海峡を抜けて、東南アジア、東アジアに運ばれる。

東アジア諸国が経済成長を遂げるにつれて、より多くの石油を必要とするようになったから、インド洋の安定はつねに求められるようになった。インド洋の存在が高まれば高まるほど、インド洋の安定に欠かせないインド半島は注視されるようになっているのだ。

現在、インド洋の勢力争いに加わろうとしているのは、中国である。中国とインドは潜在的なライバルである。しかも、中東の石油に依存している中国は、インド洋を自由にもしたい。

そこから先、中国はインド洋におけるインド半島包囲網を築こうとしている。中国はインド洋の島国スリランカに接近し、ハンバントタ港を建設したのみならず、99年間にわたる港の運営権を得ている。と同時に、中国はパキスタンを支援し、アラビア海に面したグワーダルに巨大な港を建設している。

このように、中国はインド半島の東西に自国のための港を建設することで、インドを東西から包囲しようとしている。それは、インド洋での新たな緊張をもたらすことにもなるのだ。

アメリカでさえも逃げ出した「恐怖の半島」　アフリカの角《つの》①

現在、世界で一番危険な半島といえば、アフリカ大陸の東岸にある「アフリカの角《つの》」と呼ばれる地域だろう。

「アフリカの角」には半島名こそないが、地図を見ればわかるとおり、完全な半島である。アフリカの角はアフリカ東岸からインド洋に向かって東に突き出しており、北にはアデン湾を挟んでアラビア半島がある。アデン湾は紅海への入り口であり、アフリカの角は地中海、スエズ運河、紅海、インド洋をつなぐ水路を押さえる重要な位置にある。

アフリカの角を構成するのは、ソマリア、ジブチであり、内陸のエチオピアも構成員だろう。そのアフリカの角が世界でもっとも危険な半島になっているのは、アフリカの角の主要部分を占《し》めるソマリアが絶望的な内戦状態に陥《おちい》っているからだ。

アフリカの角

ソマリアでの内戦は1988年からはじまり、いまなおつづいている。1990年代には国連がソマリアでの事態を憂慮《ゆうりょ》し、アメリカ軍、フランス軍などか

らなる国連軍を派遣している。その国連軍もソマリアの内戦を鎮静化できず、最後には逃げ出してしまった。

アメリカ軍が、ソマリアの首都モガディシュ（モガディシオ）で作戦行動を展開したときだ。アメリカ兵たちは猛烈な反撃を受けた末、次つぎと殺されている。ソマリアの部族兵は、アメリカ兵の遺骸《いがい》を引きずり回し、見せ物にした。そのさまが全世界へと発信されたから、ソマリア半島は恐怖の半島となってしまった。

ソマリアでは、食い詰めた荒くれ者たちが海賊と化している。ソマリア沖はよい漁場であったが、他国の漁船団による乱獲もあって、資源を減らしていた。その鬱憤《うっぷん》がソマリアの住人の海賊行動となり、ソマリア沖は海賊が跋扈《ばっこ》する、これまた危険な海域となっている。

ソマリアの内戦が収拾不能になっているのは、いくつかの要因が重なってのことだろう。ひとつには、ソマリアが半島国家であり、多くの半島国家がそうであるように統治不能であることだ。

じつのところ、ソマリアはアフリカにはめずらしい、ソマリ人からなるほぼ単一国家とされる。民族対立はないのだが、代わりに地域ごとの氏族対立があった。ソマリアには22

もの氏族がいて、彼らそれぞれが独立勢力に近く、中央政府に従う気がなかったのだ。

ただ、ソマリアの氏族とて、いたずらに戦いを繰り返してきたわけではないようだ。19世紀までは血みどろの抗争はなかったと思われる。そのソマリアで氏族の抗争が激しくなるのは、ソマリアのある「アフリカの角」の地政学的な地位が、19世紀半ば以降急速に高まってしまったからだ。

もともとアフリカの角は、紅海とインド洋を結ぶ要衝であった。そこに、19世紀後半のスエズ運河の開通である。スエズ運河が開通したとなると、アフリカの角は大西洋、地中海、インド洋から東アジアまでを結ぶ要衝となる。西洋各国は、アフリカの角の重要性を知り、この地を得ようとしはじめた。

そこから先、１８８４年のベルリン会議では、イギリス、フランス、イタリア、エチオピアによるソマリアの分割が決定されている。当時、独立国であったエチオピアも、海への出口を確保するためにアフリカの角を欲した。

もちろん、ソマリアの氏族がイギリスやフランスの支配を好むはずもなかった。とくにイギリス領ソマリランドではカリスマ性のあるイスラム教の指導者が存在したから、イギリスに対する強烈な抵抗があった。

それは、ソマリア戦争の名でも呼ばれ、20年以上つづいている。ソマリアの氏族は、外敵と戦うことで、強い戦闘性、排他性を帯《お》びていったと思われる。

「捨ておかれた半島」が他国から注視される理由　アフリカの角②

20世紀、第2次世界大戦では、ソマリアはイギリス軍とイタリア軍の激突する地になっている。この対決では番狂わせがあり、一時的ながらイタリア軍が勝利している。

第2次大戦で、イタリア軍はイギリス軍に負けっぱなしであった。そのイタリア軍が勝ったのは、ソマリアが舞台だったからだろう。ソマリアの氏族たちは、イギリスもイタリアも嫌いであり、両国の足を引っ張りたがる。このとき、とくに足を引っ張られたのが、イギリスだったのではないか。

第2次大戦ののち、ソマリアは独立する。当初、ソマリアでは内戦ははじまっていない。外敵との戦いに追われたからだ。ソマリアは、エチオピア相手に1993年までオガデン紛争をはじめとする衝突を繰り返していた。オガデン紛争とは、ソマリ人の多いオガデン地方の帰属を争った戦いである。ほかに、ソマリアに隣接するジブチをめぐっても、ソマリアとエチオピアは対立していた。

ソマリアとエチオピアの戦いは、ローカルな戦いで終わらなかった。アメリカとソ連がソマリアに引き寄せられていったからだ。

もともと、ソマリアは親ソ連であったが、オガデン紛争でソマリアが優位に立つと、エチオピアがソ連の支援を求めた。エチオピアとソ連の接近に怒ったソマリアは、アメリカに支援を求めたのだ。こうして米ソがかかわったことにより、紛争は長期化したのみならず、ソマリアの氏族はソ連製を中心に多くの兵器を手にしていった。

ソ連からすれば、アフリカの角の不安定化は好ましいことであった。スエズ運河から紅海、インド洋への要衝であるこの地は、ヨーロッパ諸国にとっては重要だが、ソ連にはさほど関係ない。ソ連は西側諸国を混乱させ、疲弊《ひへい》させるためにも紛争の長期化を望んでいたのだ。

オガデン紛争は、結局のところ、ソマリアの敗北に終わる。新興国家ソマリアにとってそれは大きな挫折であり、モガディシュの政府はもともと乏《とぼ》しい求心力をより低下させる羽目になった。オガデン紛争の最中からソマリアでは氏族の抗争があったが、オガデン紛争ののち、その対立がより激化する。それまではエチオピアという外敵に向けられていた暴力が、今度は内に向けられ、1988年より内戦となる。

すでにオガデン紛争を経てきたソマリアでは、氏族たちが殺傷力の高い武器を手にしている。殺傷力の高い武器で殺し合ったから、憎悪が憎悪を呼び、内戦は深刻化したのだ。現在、ソマリアでは、アデン湾に面したソマリランドが独立を宣言しているが、世界からは認められていない。ほかにもソマリアには、反政府を掲げる独立した地帯が多く、収拾がつかないままだ。

ソマリアの内戦に関して、西側諸国はお手上げ状態だが、紅海とインド洋の安全のために、アフリカの角周辺海域を危険なままにしておくわけにはいかない。そこで、西側諸国や中国が着目しているのは、ソマリアに隣接するジブチである。

ジブチは小国のため、ソマリアほど不安定にはならない。フランスの植民地だった時代があるから、フランスとの関係が深い。フランスはジブチの独立後もジブチに軍事基地を置きつづけ、機能させてきた。これを見た他国もジブチに基地を置き、アフリカの角周辺の監視をはじめている。アメリカ、日本、中国もジブチに基地を置いている。

なぜ、「独裁型政権の国ばかり」なのか？ インドシナ半島①

東南アジアのインドシナ半島は、広大な半島である。ベトナム、ラオス、カンボジア、タイ、ミャンマーの5か国からなり、東と南には南シナ海、西にはアンダマン海が広がる。インドシナ半島から南に突き出しているのが、マレー半島となる。

多くの半島内がバラバラであるように、インドシナ半島内もまったくバラバラであり、まとまりがない。たしかに現在、インドシナ半島の構成国はASEAN（東南アジア諸国連合）に加盟しているとはいえ、ASEANそのものに強い求心力はない。仏教徒の多い国という共通性はあっても、それぞれの国につながりはないし、友好的でもない。インドシナ半島は、一度も統合されたことのない半島となっている。

インドシナ半島が全体ではバラバラで「統治不能」なのは、多くの半島同様、山がちだからである。山が海に迫り、中規模、小規模の平野が点在しているから、それぞれの地域は独立地帯になりやすい。

しかも、インドシナ半島にはヒマラヤ山系を源流とする大河が多い。ホン川（紅河）、メコン川、メナム（チャオプラヤ）川、エーヤワディ川などだ。インドシナ半島では、その大河流域に都市が発展し、国家がかたちづくられている。

ホン川の下流にはベトナムの首都ハノイがあり、メコン川の上流にはラオスの首都ビエンチャン、下流にはカンボジアの首都プノンペンがある。メナム川の下流にはタイの首都

インドシナ半島

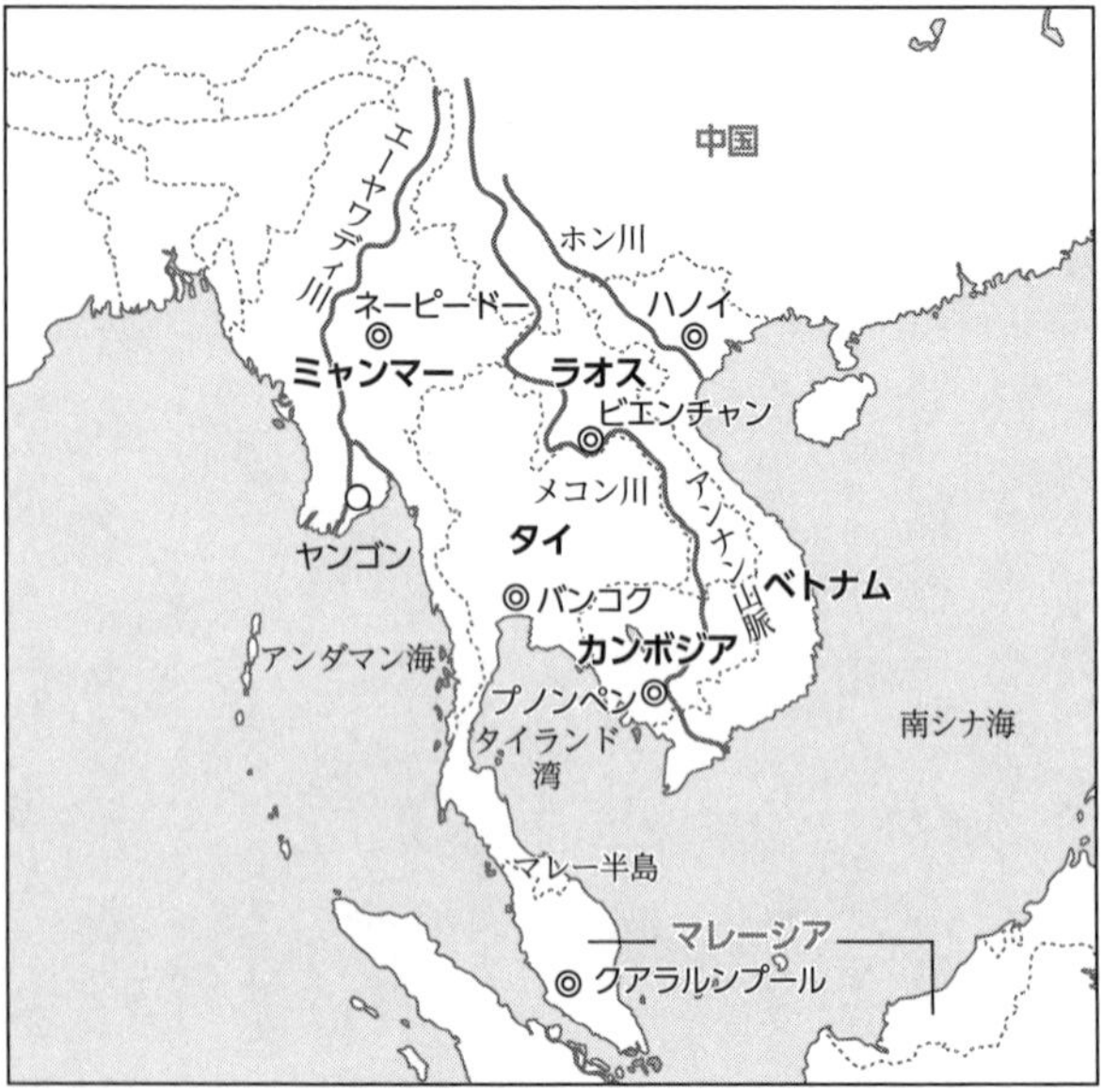

バンコクがあり、エーヤワディ川の下流にできたのがミャンマーのかつての都ヤンゴンである。

このように、インドシナ半島では大型河川を中心に都市が生まれるので、水系によって国や地域が分かれる。日本列島も江戸時代には、水系ごとに藩が存在していて、それぞれの地域がバラバラだった。インドシナ半島もこれと同じであり、それぞれの国につながりがないのだ。

しかも、インドシナ半島の国々では、国内もバラバラに近い。国内のそれぞれの地域は、政府に完全に従っているわけではない。

それは、インドシナ半島には少数民族が多いからでもある。大陸と地つづきである半島は大陸で追い詰められた民族の「逃げこみ場」でもある。そうした民族の移住は何度も繰り返され、インドシナ半島各地にはさまざまな民族が住み着いていったから、少数民族も数多くなっていったのだ。

いまのミャンマーの多数派であるビルマ人にしろ、タイのタイ人にしろ、もともとはもっと北方にいた。彼らが南下を繰り返し、半島の南にまでたどり着いたとき、多数派となっていた。その一方、ビルマ人やタイ人に押された少数民族も少なくないのだ。

典型的なのは、ミャンマーだ。ミャンマーのおよそ7割はビルマ族なのだが、カレン族、カチン族、カヤー族、ラカイン族、チン族、モン族、シャン族などの少数民族がいる。モン族やシャン族は、ミャンマーで王朝を興《おこ》していた歴史を持つ。現在も、ミャンマー北部の少数民族は民兵組織を有していて、ミャンマー国軍と対立している。

現在のところ、インドシナ半島の各国は強権でもって、国内を抑えこんでいる。カンボジアではフン・セン首相の独裁があり、ラオスではラオス人民革命党、ベトナムではベトナム共産党の一党独裁状態だ。ミャンマーとタイでは、クーデターによる軍政がつづいている。どの国も国内がバラバラだから、独裁による強圧で、国としての体裁を保っているようなものだ。

征服をもくろむ大国と、いかに戦ってきたのか？　インドシナ半島②

独裁型国家ばかりのインドシナ半島は、内から見るなら「統治不能」の半島となっている。その統治不能の要素は、多くの半島と同じく、そのまま「要塞」としての要素にもなっている。

インドシナ半島は、過去に大統一されたことがない一方で、大国によって大征服されたこともない。一時的には支配を受けても、最後には侵略者を外に追い出してしまう。多くの大国が、インドシナ半島では苦渋《くじゅう》を味わってきた。

インドシナ半島が「難攻不落の要塞」のようであるのは、ベトナムの歴史が象徴している。ベトナムはこれまでたびたび大国に侵攻され、侵食されてきた。屈従《くつじゅう》の歴史もあったが、最後にはことごとく大国を叩き出して、独立を守っている。

ベトナムに対して、長く支配的であろうとしてきたのが、中国大陸の王朝である。ベトナムと中国大陸は陸つづきであり、その国境線に大きな障壁《しょうへき》がないから、つねに中国大陸の王朝に狙われてきた。秦《しん》の始皇帝や漢の武帝に攻撃されたこともあれば、7世紀からはハノイ周辺が唐帝国の支配を受けている。

10世紀、唐の衰退に合わせて、ベトナムは独立するが、その後も苦難はつづく。中国大陸を征服したモンゴル帝国の侵攻や、モンゴル帝国を北に追い払った明帝国による攻撃もあった。ベトナムは、いったんはモンゴル帝国に屈伏しながらも、最終的にはモンゴル帝国を破り、駆逐《くちく》している。

19世紀後半、ベトナムはフランスの侵食を受け、植民地化される。20世紀半ば、ベトナムはフランスからの独立を成し遂げるため、第1次インドシナ戦争を戦わねばならなかった。ベトナムはディエンビエンフーの戦いで歴史的勝利をおさめ、インドシナ半島から大国フランスを追い出している。

そのフランス撤退のあとにベトナムにやってくるのが、アメリカだ。アメリカはベトナムの共産勢力を追い出すために介入をはじめ、これがベトナム戦争となる。当時のアメリカはといえば、日本やドイツを撃ち破ってきた世界最強国である。そのアメリカがベトナムに大苦戦し、インドシナ半島からすごすごと引き下がっている。

アメリカ撤退ののち、ベトナムは中国の侵攻も受けたが、これまた痛手を負わせている。20世紀、ベトナムはアメリカ、中国、フランスという大国を敵としながら、一歩も退《ひ》かず、撃退していったのだ。ベトナムでの失敗は、アメリカ、フランスにとって世界での信用を落とす事態にもつながっていた。

大国がベトナムを完全に征服できないのは、ベトナムが南北に長い国だからだろう。ベトナムの西には山脈、山地が広がり、山が海に迫っている。南北は細長い平野でつながり、平野を隔《へだ》てる河川も多いし、湿地帯、ジャングルも少なくない。そもそも大軍の行動には不向きな土地であるうえ、湿地帯ではモンゴルの騎兵は行動力を失う。ジャングルは、フランスやアメリカなどの大国の兵士を竦《すく》ませる。

このように、ベトナムには大国に抵抗して、勝利を得た経験があるだけに、ことさらに大国に寄りかかるところがない。ここが、朝鮮半島との違いである。朝鮮半島の場合、劣勢な勢力が大国を半島に引きこみたがるから、大国に従属的になる方向にある。それは、朝鮮半島が大国を撃ち破ってきた歴史に乏しいところがあるからだろう。半島国家としての自信のなさが、大国への従属志向となっているのだ。

一方、同じ半島国家ながら、ベトナムにはガッツがあったとしかいいようがない。ベトナムは大国に抵抗してきた自負があるから、大国の言いなりにはならない。たしかにベトナムはベトナム戦争を勝ち抜くのに、ソ連と中国からの支援を受けてきた。両国の支援なしには勝てなかったのだが、戦後、ベトナムはソ連、中国に従属的になったわけでもない。

また、ベトナム戦争では、アメリカは半島国家ベトナムの各地域をいかにして勢力圏に組みこむか、少しだけ気づいたように思われる。アメリカによる「戦略村」の発想には、「統治不能」の地域をまとめていくひとつの突破口となる可能性があった。

「戦略村」とは、政府主導による新たなる村である。ベトナム戦争では、北ベトナムのゲリラが小さな村落《そんらく》にまで浸透しようとした。そのゲリラの浸透を防ぐため、アメリカや南ベトナム政府はひとつの村の住人を強制的に移転させ、新たな村落「戦略村」を運営しようとした。

戦略村をアメリカ軍や南ベトナム政府が守り通し、しかも経済的に発展するなら、戦略村の住人は政府に忠実になっただろう。まるで日本の戦国時代の領国経営のような地道な村落経営によって、はじめてベトナムの一つひとつの村落は、南ベトナム政府やアメリカの真の統治下に入ったかもしれない。

けれども、アメリカによる戦略村は拙速《せっそく》であり、むしろ村落の住人の反感を買ってしまっていた。戦略村はゲリラ寄りになり、構想は失敗する。ただ、半島を統治する手法として「戦略村」の発想は、ひとつの有効なアプローチだったと考えていいだろう。

アメリカに勝ったベトナムも覇者になれなかった理由　インドシナ半島③

20世紀、フランス、アメリカ、中国という大国につづけざまに煮え湯を呑《の》ませたベトナムだが、だからといってインドシナ半島の大国になれるわけではない。ベトナムでさえも、インドシナ半島では失敗しているのだ。

ベトナムは、カンボジアで泥沼を見ている。アメリカを撃退したベトナムは、その後、カンボジアに侵攻する。カンボジアが内戦、内紛つづきであったから、その侵攻は容易であるかに見えた。

カンボジアでは、1970年代に政変がつづいた。右派のロン・ノル将軍によるクーデターでシハヌークの王政は転覆、クメール共和国が成立したものの、内戦となる。内戦下、ポル・ポト率いる反政府勢力が拡大し、クメール共和国を葬《ほうむ》り、民主カンプチアが誕生する。その民主カンプチアは国内をテロでしか支配できなかったから、ベトナムは混乱のカンボジアを手中にしようとした。

そもそも、インドシナ半島のカンボジアやラオスには近隣国に対抗するほどの力はない。近隣国が国境線を越えて、好き勝手をしても、強い対抗措置をとることができない。

その典型が、「ホーチミン・ルート」をめぐる攻防だろう。ベトナム戦争下、北ベトナムが南ベトナム制圧のために使ったのが、ホーチミン・ルートである。国境線を越えて、ラオス、カンボジア側の南北に長い山地を縦断するのが、ホーチミン・ルートだ。

北ベトナムは、ホーチミン・ルートを使って武器や食糧を南ベトナムで戦っているゲリラたちに運んでいた。それは、中立国であるカンボジアやラオスの主権を無視しての話なのだが、カンボジア、ラオスは何もできなかった。

このホーチミン・ルートが威力を発揮したため、アメリカはホーチミン・ルート潰しに躍起《やっき》になる。それが、アメリカ軍のカンボジアやラオスへの攻撃となっていた。ここでも、カンボジア、ラオスは泣き寝入りするしかなかった。

統一ベトナムは、このホーチミン・ルートでの経緯を知っていたから、カンボジアを侮《あなど》ってもいただろう。1979年、ベトナム軍はカンボジアへと侵攻し、ポル・ポトのクメール・ルージュを崩壊させた。ベトナム軍はカンボジア各地で勝利を重ね、クメール・ルージュによる住人の虐殺も明らかとなった。

けれども、ベトナム軍はカンボジアで10年間以上も戦いながら、何も得られなかった。おもな街を占領はできても、カンボジア全体の完全征服・統治まではできなかったのだ。

国家予算のおよそ4割をカンボジア侵攻に投入してきたにもかかわらずである。結局、ベトナム軍はカンボジアで泥沼にはまり、すごすごと撤退していったのだ。

カンボジアもまた半島の一部であり、「統治不能な要塞」であった。カンボジアには平たい地もあるとはいえ、ジャングルや湿地帯、河川などによって地域が分断されている。分断された地域を統治するのも、征服するのも容易ではない。カンボジアは統治不能ゆえに、ベトナム軍に対しても征服不能な要塞となっていたのだ。

半島への影響力を強める中国への各国の反応は　インドシナ半島④

現在、インドシナ半島にもっとも強い影響力を有しているのは中国である。インドシナ半島の北側の山地地帯と中国は地つづきであり、影響力を持ちやすい。実際、インドシナ半島の歴史は、中国大陸にあった住人の南下によってつくられていった側面がある。

中国大陸を制した勢力は、かつては軍事力でインドシナ半島を支配しようと試みてきた。ベトナムはたびたび狙われたし、ミャンマーはモンゴル帝国の襲撃にも遭っている。

ただ、現在の中国には、軍事的な威嚇《いかく》やアプローチでインドシナ半島を制しようとする気はさらさらないようだ。

現代の中国は、アメリカやフランスがベトナムで痛手を受けたさまも、中国に敵対的なベトナムがカンボジアで大火傷《おおやけど》を負わされたさまも見てきている。中国自身も、ベトナムに痛い目に遭っている。インドシナ半島への力による浸透は、手痛いしっぺ返しを受けるだけではないかと、中国は考えているようだ。

中国は、インドシナ半島が「統治不能の要塞」であることに気づいているのかもしれない。そのため、中国のインドシナ半島への浸透は、チャイナマネーにものをいわせての経済的な浸透となっている。

とくに中国に経済的な依存を深めているのは、ラオスとカンボジアだ。中国はラオスでは「ラオス中国鉄道（老中鉄路）」の建設を支援し、カンボジアではタイランド湾に面した港湾都市シハヌークビルの一大開発の主役にもなっている。自力で経済建設する気に乏しいカンボジア、ラオスともチャイナマネーに頼りきりであり、中国相手に借金漬けにされつつある。

ミャンマー、タイも、中国と密接になろうとしている。ともに軍政に移行したため、西側先進国からは冷たい目で見られているから、手を差し伸べてくれる中国は頼もしい存在でさえある。中国とは何かと摩擦の多いベトナムでも、経済的には中国に大きく依存している。

中国はこうして経済面からインドシナ半島に浸透し、政権の中枢を絡《から》め取ろうとしているのだ。そこから先、インドシナ半島が中国に従属的になれば、中国の海洋進出はより大胆なものになるだろう。

中国がラオス、カンボジアを従属させていくようなら、タイランド湾が見えてくる。タイランド湾で支配的になれば、中国の存在はますますインドシナ半島で大きくなり、シンガポールとマラッカ海峡にも近づける。中国がミャンマーから浸透するなら、アンダマン海が見えてくる。それは、中国のインド洋進出の起点にもなれば、インドへの圧力にもなるだろう。

ただ、中国のインドシナ半島浸透がこのままうまくいく保証はない。インドシナ半島は、統治不能の地である。中国の存在があまりに巨大化すれば、インドシナ半島の各地域は中国に敵対的になり、中国に対する「要塞」と化すこともありうるのだ。

サウジアラビアが「盟主として認められない事情」とは　アラビア半島①

アラビア半島といえば、イスラム教の聖地メッカがあることから、イスラム世界の中心地のようにもなっている。さらに膨大《ぼうだい》な石油資源の埋蔵によって栄え、世界の鍵となっている。

アラビア半島はオイルマネーによって世界からはきらびやかに映り、まとまっているようにも見えるが、内実は怪しい。アラビア半島もまた、多くの半島と同じで全体としては「統治不能」になっているのだ。

アラビア半島は、アフリカ大陸とユーラシア大陸に挟まれるようにしてある。西は紅海を挟んでアフリカ大陸と対面し、東ではペルシャ湾を挟んでイランと対峙《たいじ》する。南にはアラビア海、アデン湾が広がっている。

アラビア半島を構成するのは、サウジアラビア、アラブ首長国連邦（UAE）、カタール、オマーン、クウェート、イエメンなどだ。そのアラビア半島において、サウジアラビアは圧倒的な大国だ。イスラム教の聖地メッカ、メディナを抱えているうえ、オイルマネーによって潤《うるお》っている。

けれども、サウジアラビアはアラビア半島の盟主にはなっていない。ここに、アラビア半島の「統治不能」の現実がある。

サウジアラビアはカタールと何かと対立しているうえ、イエメン相手の紛争も絶えない。

アラビア半島

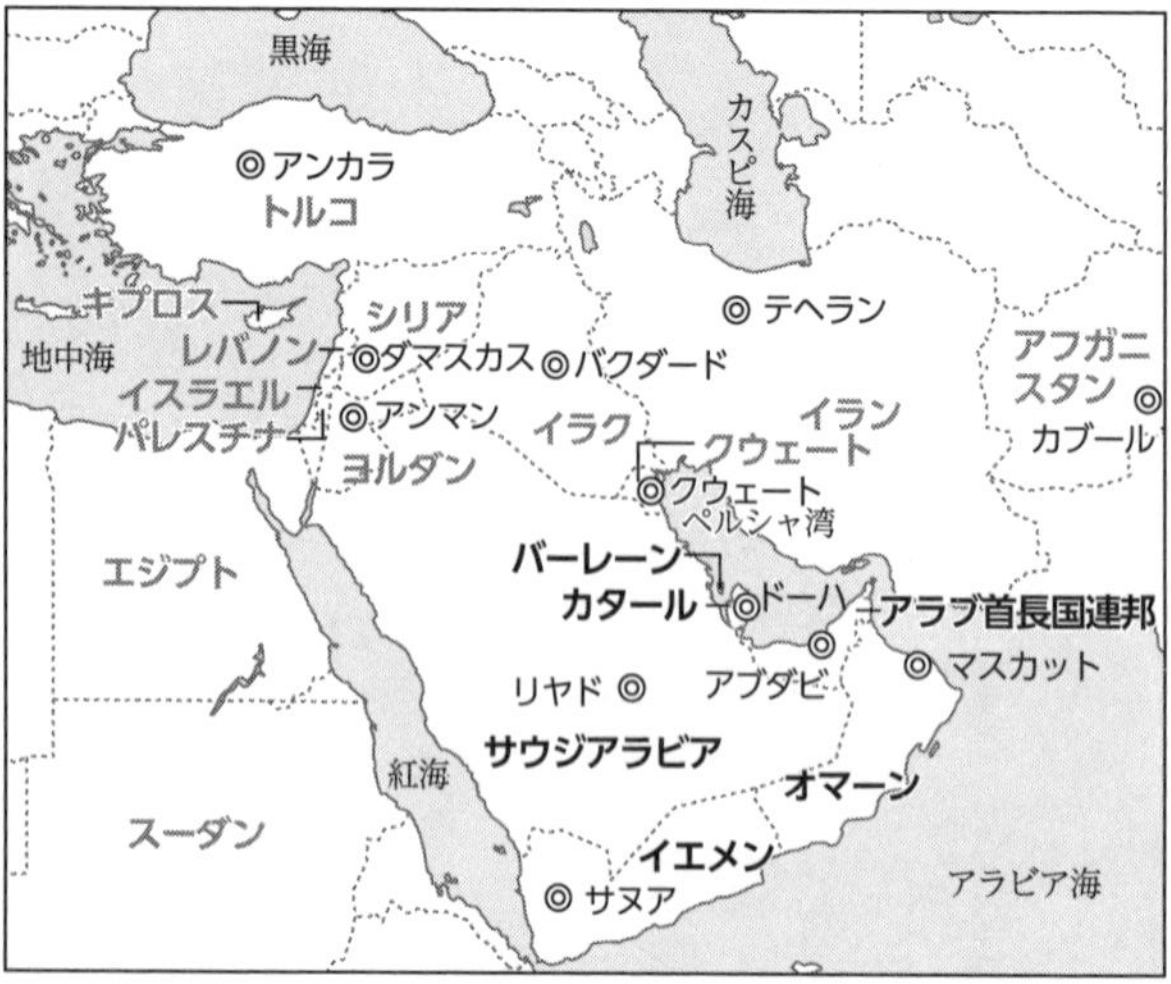

サウジアラビアはイスラム教スンナ派の盟主を自任しているものの、アラビア半島の盟主であると、すべての国から認められているわけではないのだ。

アラビア半島がサウジアラビアを中心にまとまっていないのは、この地もやはり半島としての性質を帯びているからだろう。多くの半島がそうであるように、アラビア半島も大きな山地を抱えている。

とくに西側に多くの山地があり、東側には平地が広がっているとはいえ、ほとんど砂漠地帯である。砂漠はアラビア半島の特徴でもあるが、砂漠のなかにあっては、オアシスのみに都市が成り立つ。アラビア半島内部もまた、それぞれの地域に分かれ、対立があっても不思議ではない環境におかれているのだ。

アラビア半島が統治不能であることは、サウジアラビアを見てもわかるだろう。じつのところ、サウジアラビアはサウド王家の独裁国家に等しい。さらには「監視国家」という側面を持ちつつある。

現在、サウド王家のサウジアラビアを実質的に仕切ろうとしているのは、ムハンマド・ビン・サルマン皇太子といわれる。ムハンマド皇太子は、批判的な王子を次つぎに逮捕、海外渡航禁止にしているのみではない。一般市民にも目を光らせ、政府に批判的な者はいないか監視している。これは、サウジアラビアの社会がバラバラな証《あか》しであり、サウド王家は恐怖支配と監視によってなんとか国内を抑えこんでいるのだ。

宗教でまとまった半島が、広大なイスラム圏を生んだ　アラビア半島②

バラバラであるアラビア半島がひとつにまとまったのは、歴史上1回だけだろう。7世紀にアラビア半島にムハンマドが登場するまでは、この地はバラバラであった。ムハンマドが説くイスラムの教えによる高揚によって、アラビア半島は一時的に一体化したのだ。

ムハンマドが登場する以前、メッカにはクライシュ族が住み着いていて、商業的に栄えていた。メッカでは偶像神が崇拝されていたのだが、アラビア半島を統一する求心力となるまでには至っていない。中東の大国も、アラビア半島には関心がなかった。砂漠が広がるこの地は農業には向かず、介入しようという勢力はなかった。だから、アラビア半島は歴史においていかれた地でもあった。

そこにムハンマドが登場し、イスラム教による統一がはじまるのだが、いったいなぜ、ムハンマドは7世紀のアラビア半島に登場したのだろうか。それは単なる偶然ともいえるし、何か力が働いていたともいえる。

何かムハンマドを後押しする力があったとすれば、当時、アラビア半島の地政学的な地位が高まっていたからだろう。中東方面で戦乱が絶えなかったことで、アラビア半島が東西の交易ルートとして大きく浮上をはじめたのだ。

6世紀当時、中東で対立していたのは、ササン朝ペルシャとビザンツ帝国だ。ササン朝ペルシャはイラン高原に本拠を置き、ゾロアスター教を国教としていた。一方、ビザンツ帝国はコンスタンティノープルを都とし、キリスト教を国教としている。

両国は、中東で長いこと争いつづけていた。それはキリスト教とゾロアスター教の宗教戦争のようでもあったが、中東での両国の対立は東西貿易を阻害していた。アジアの文物《ぶんぶつ》を地中海方面へ運ぶ交易ルートが破壊されたも同然のため、浮上したのが、アラビア半島である。東西交易は、ビザンツ帝国とササン朝が争うメソポタミア方面を避け、アラビア半島からダマスカスやアレキサンドリアに向かうようになったのだ。

ビザンツ帝国とササン朝の抗争のなか、アラビア半島は東西交易の核となり、経済成長を遂げる。メッカが大いに賑《にぎ》わってきたとき、その興隆感のなかからムハンマドが登場したのだ。

ただ、ムハンマドは最初から無条件に受け入れられていたわけではない。ムハンマドの思想はメッカでは嫌われ、迫害されたから、彼はヤスリブ（メディナ）に移住し、ヤスリブを拠点にメッカと戦わなければならなかった。これまた、当時のアラビア半島のバラバラぶりを物語っている。

630年、ムハンマドはメッカに無血入城を果たし、ここを聖地とした。以後、ムハンマドのイスラム教は強い求心力を持ち、アラビア半島の部族たちをまとめあげた。

それまでアラビア半島では、部族同士の抗争もあり、部族のパワーは内向きでありつづけていた。その部族がイスラム教のもと、ひとつにまとまったとき、外向きのとてつもないパワーとなる。この先、イスラムの共同体を世界に広げるために、アラビア半島を起点に大征服がはじまるのだ。

ムハンマドの死没ののち、イスラム勢力はササン朝を滅ぼし、東に勢力を伸ばす。一方、西ではビザンツ帝国を撃ち破り、シリア、エジプト方面も支配した。その後もイスラム勢力は東西に拡大をつづけ、広大なイスラム圏が生まれたのである。

ただ、イスラム帝国がウマイヤ朝を成立させ、つづいてアッバース朝を生み出していくなかで、肝心のアラビア半島の地位は下がっていく。たしかに、聖地メッカは信仰の中心であっても、イスラム帝国の政治や経済の中心はメッカを離れていったのだ。

ウマイヤ朝は地中海に近いダマスカスを都に選び、アッバース朝はティグリス川流域にバグダードを建設している。ともにアラビア半島の付け根ながら、アラビア半島内部よりも快適な地である。

オマーン海上帝国を成立させた「地の利」とは　アラビア半島③

アラビア半島から半島外に拡大に出たのは、7世紀のイスラム勢力のみではない。18世紀以降、オマーンが半島の外に支配域を拡大し、「オマーン海上帝国」ともいわれる繁栄を誇った時代がある。

現在、オマーンはアラビア半島の南東端に位置する小国となっている。けれども、オマーンはアラビア海に面し、沖合のオマーン湾はアラビア海とホルムズ海峡、ペルシャ湾を結ぶ海洋の要衝にある。オマーンの都マスカットは、昔から東西交易の要衝でもあった。これに目をつけたのが、アジア進出を狙うポルトガルであり、ポルトガルは一時、マスカットの支配者となっている。

こののち、オマーンがポルトガルの支配から抜け出したときだ。オマーンの住人はポルトガルの手法に刺激を受けて、海洋帝国の建設に取りかかる。オマーン海上帝国は、オマーン湾の対岸のイランの一部を支配したうえに東アフリカ沿岸にも進出し、西インド洋のさながら覇者となっていた。現在はパキスタンに属しているグワーダルも、20世紀前半まではオマーンに属していた。

その後、オマーン海上帝国は分裂し、オマーンはイギリスの植民地も経験している。ただ、オマーン海上帝国の例のように、アラビア半島は西インド洋の鍵となる位置にあるのだ。

シーア派イランの暗躍で「現代の火薬庫」になるか？　アラビア半島④

現在、アラビア半島が不安定なのは、イランの暗躍があるからだ。サウジアラビアがイスラム教のスンナ派の盟主であるのに対して、イラン高原にあるイランはイスラム教シーア派の大国である。スンナ派とシーア派の対立は根深く、イランはスンナ派の盟主サウジアラビアが気に入らない。イランは、アラビア半島の攪乱《かくらん》を図ってきている。

アラビア半島内にも、イランに通じる勢力はある。スンナ派の多いアラビア半島に、シーア派の多い地域が点在しているからだ。イランは、そうしたアラビア半島のシーア派を支援し、サウジアラビアを攪乱し、アラビア半島の分裂を狙っている。

とくにイランが支援しているのは、イエメンのフーシ派武装集団である。フーシ派はシーア派の一派であり、イランと通じやすい。フーシ派はたびたびサウジアラビアを攻撃し、サウジアラビアを悩ませている。

イランは、カタールとも接近している。もともとカタールには、一定数のシーア派が存在している。盟主であろうとするサウジアラビアが気に入らないカタールも、イランとの接近を隠さない。サウジアラビアがカタールを咎《とが》めようと、カタールはお構いなしなのだ。

半島内は、分裂し、対立しやすい。アラビア半島内には、スンナ派とシーア派の宗教対立があれば、強権で国内を抑えこんでいるサウジアラビアの問題もある。何か大きな事件でも起これば、アラビア半島も火薬庫になりうる。

5章

世界を激震させる起爆点となった4つの半島

なぜ、古代ローマは「地中海の覇者」になれたのか？ イタリア半島①

イタリア半島は、世界史を何度も動かしてきた半島である。それは、イタリア半島の置かれた地政学的地位の高さによるものだろう。

イタリア半島は地中海中央に突き出した半島であり、地中海を東西に分断する。その意味で、そもそもから地中海の覇者となりやすい地政学的な地位を手にしている。

一方、半島の南北にはアペニン山脈があり、半島は山がちであり、半島内の小さな平野はそれぞれが独立地帯になりやすい。この一点で、イタリア半島は「統治不能の要塞」のようなものだ。イタリアが一体となっていた時代は、19世紀後半以降の現代イタリアを除けば、古代ローマの時代くらいしかない。

その古代ローマは、イタリア半島の多くを統治するまでに、長い時間を要してきた。まずはローマの支配者だったエトルリア人と戦い、つづいて山岳の民であるサムニウム人と戦わなければならなかった。その戦いは苦戦の連続であり、一進一退であったが、ローマ人は辛抱強かった。その辛抱強さにより、ローマはイタリア半島の支配者となったのだ。

ただ、イタリア半島の支配者となったといっても、紀元前3世紀にはじまるカルタゴと

イタリア半島

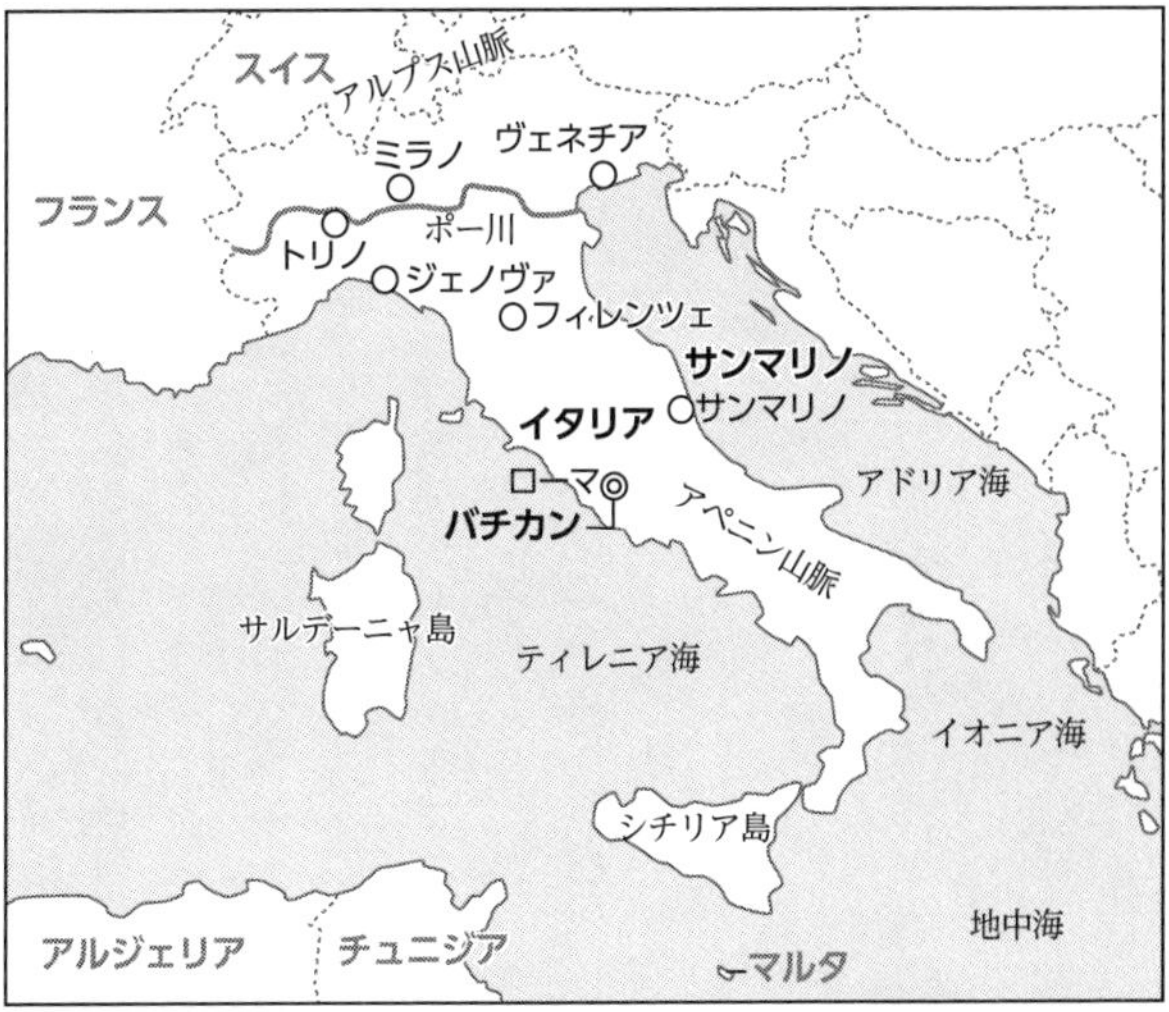

のポエニ戦争当初の時点では、ローマのイタリア半島支配は、今日のミラノやトリノにまでは及んでいない。ローマの拡大には時間をかけねばならず、それほどにイタリア半島各地には独立勢力があり、抵抗があったという証《あか》しだろう。

イタリア半島は、ローマによって統一されたことで、ひとつの大きな勢力となる。それまでイタリア半島内の抗争に向けられてきた内向きのパワーが、半島外に注がれるようになったからだ。

しかも、ローマが半島外へとパワーを投入しはじめたとき、ローマは海洋国家に変貌を遂げる。そのきっかけは、カルタゴとの3次にわたるポエニ戦争であった。

ポエニ戦争は、カルタゴとローマの位置関係を見れば、避けられない戦いだったかもしれない。イタリア半島の南端にはシチリア島があり、イタリア半島とはメッシナ海峡を挟んでわずかの距離にある。

そのシチリア島の南、シチリア海峡を挟んで存在したのが、アフリカ大陸のカルタゴである。ローマとカルタゴは、シチリア島をめぐって争う環境に置かれていたといっていい。

ポエニ戦争に突入する時代、カルタゴはすでにイベリア半島にも植民地を築き、海洋通商国家として栄えていた。そのため、カルタゴの海軍は強力であった。ローマがカルタゴを撃ち破るには、カルタゴの海軍に勝たねばならず、ローマ人は海軍力の強化に奮起する。

ローマは強力な海軍を持つことで、カルタゴとの戦争に優位に立ったうえ、地中海のどこでも攻撃できるようになっていた。カルタゴの根拠地であるイベリア半島の南部を攻撃したし、カルタゴと結びついたバルカン半島のマケドニアも下した。紀元前2世紀半ば、ポエニ戦争が終わる頃には、ギリシャも従え、ローマは地中海を制した国家になっていたのだ。

ローマはイタリア半島を統一したのち、イタリア半島の地政学的な地位の高さに後押しされ、地中海の覇者になったともいえる。

ローマが「カルタゴを滅ぼさねばならなかった理由」とは　イタリア半島②

地中海の覇者になったとき、ローマは、はじめて自らのあるイタリア半島の地政学的に見た立場の優位さを知ったと思われる。

それが、ポエニ戦争の最終局面にあってのカルタゴの完全な滅亡となる。紀元前3世紀後半、第2次ポエニ戦争にローマが勝利したとき、ローマはカルタゴに戦争を禁じるのを条件に、カルタゴを存続させていた。けれども、紀元前2世紀半ばには、カルタゴの完全滅亡を望むようになったのだ。

これは、カルタゴの地政学的地位が、あまりに高く、危険ですらあったからだ。ローマが地中海の覇者になったとき、イタリア半島とシチリア島が地中海を東西に分ける要《かなめ》であると知る。とくにシチリア島とカルタゴのあいだにあるシチリア海峡は、地中海の東西を結ぶチョークポイントになる。シチリア島、シチリア海峡は、海洋国家と化したローマの繁栄にとって、じつに重要なパーツだったのだ。

ローマがこのことを悟ったとき、カルタゴの地政学的な優位さが、イタリア半島の地政学的な地位の高さを脅《おびや》かすことを知った。カルタゴは、シチリア海峡を挟んでシチリア島の対岸にある。カルタゴもまた、シチリア海峡というチョークポイントを押さえうる存在なのである。

カルタゴの存続は、ローマの権益を侵害しかねない。そのために、ローマは強引にカルタゴに戦争を仕掛け、カルタゴを廃墟とし、2度と復興できないようにした。ローマはカルタゴを封印したことで、地中海の覇者の座を確保したとはいえないだろうか。

ローマ帝国崩壊後、「統治不能の地」に戻ってしまったわけ　イタリア半島③

古代ローマ帝国があった時代、イタリア半島の統一は維持されてきたが、5世紀に西ローマ帝国が滅んだのち、イタリア半島は分裂状態に戻る。以後、イタリア半島の統一は、19世紀まで待たなければならなかった。

半島は、もともと統治不能であり、バラバラである。古代ローマは時間をかけてイタリア半島を統一したのだが、またもとの統治不能の状態に戻ったのである。

西ローマ帝国崩壊ののち、イタリア半島では、ゲルマン人の一派である東ゴート人がラヴェンナを中心に東ゴート王国を築いた時代もある。別のゲルマン人の一派であるランゴバルド人が、北イタリアのパヴィアを中心に王国を打ち立てた時代もある。あるいは、東ローマ（ビザンツ）帝国がローマ帝国の復興を目指し、イタリア半島に進出、東ゴート王国を滅ぼしたこともあった。あるいは、北アフリカからゲルマン人の一派であるヴァンダル人が襲来したこともあった。

けれども、東ゴート王国も、ランゴバルド王国も、ビザンツ帝国も、ヴァンダル人たちも、イタリア半島を完全に制することまではできなかった。イタリア半島の一部を確保したにすぎず、イタリア半島は分裂したままであった。

カール1世（大帝）のフランク王国も同じである。フランク王国はフランスやドイツなどアルプス以北の多くを征服し、北イタリアのランゴバルド王国を滅ぼしたが、イタリア半島全域まで支配してはいない。そればかりか、ローマ教皇のためにローマ教皇領を設置しているから、イタリアの分裂を固定化しようとしている。

フランク王国登場ののち、イタリア半島に関心を持つようになるのは、ドイツの神聖ローマ皇帝やフランス王たちである。とくにドイツの場合、オットー1世が神聖ローマ帝国皇帝としてローマ教皇に戴冠《たいかん》されたのち、ローマ教皇の守護者を自任するようになった。歴代ドイツ王は、教皇に神聖ローマ皇帝として戴冠してもらうためにもローマを目指し、あわよくばイタリア半島の征服も夢見ていた。けれども、ドイツの勢力とてイタリア半島の征服・統一は無理であった。

ドイツの神聖ローマ皇帝がイタリア半島に強い関心を示しつづけていた時代、イタリア半島には、ノルマン人（ヴァイキング）までが押し寄せている。彼らはシチリア島、南イタリアを占拠し、「両シチリア王国（シチリア・ナポリ両王国）」を打ち立てているが、やはり、イタリア半島全体を制したわけではなかった。

もっと時代をさかのぼるなら、第2次ポエニ戦争の時代、カルタゴのハンニバルでさえもイタリア半島の征服に失敗している。ハンニバルの軍勢はイベリア半島からイタリア半島へと進軍し、カンネーの戦いではローマ軍に歴史的大勝利を収める。イタリア半島でハンニバルは無敵であったが、15年間もイタリアを転戦しながらも、ローマを占領できなかった。イタリア半島も切り取れていない。

名将といわれるハンニバルでさえも、イタリア半島の征服は不可能だったわけで、イタリア半島の征服・統一がいかにむずかしいかを物語っている。

なぜ、中世に「大国の草刈り場」となったのか？　イタリア半島④

先のローマ教皇とドイツの神聖ローマ帝国の結託《けったく》は、じつはイタリア半島にとっては、

「大国の引きこみ」であった。半島では劣勢となった者が大陸の大国を引きこみ、勢力の逆転をしばしば試みる。イタリア半島もそうで、ローマ教皇はその先駆けであった。

ローマ教皇がイタリア半島で窮地に立たされたとき、ドイツ王を神聖ローマ皇帝としてイタリア半島に呼びこんだ。教皇は、ドイツ人を用心棒か何かにするつもりだった。

ただ、用心棒はかならずしも善意の人ではない。勢力争いに加わるうちに、すべてを我が物にしたいと思うようになる。ドイツの神聖ローマ帝国皇帝もそうで、歴代皇帝たちはイタリア支配に貪欲《どんよく》になった。

ローマ教皇にすればアテが外れたわけだが、窮《きゅう》したローマ教皇がとった策は、ドイツに対抗する勢力の呼びこみである。11世紀末、教皇ウルバヌス2世はフランス王家に接近し、国王の弟シャルル=ダンジューをシチリア王に任命し、イタリア半島でドイツ勢力との対決を求めた。

シャルル=ダンジューは教皇の期待どおりドイツ勢力と戦い、イタリア半島からドイツ勢力を追い出すが、今度はフランス勢力がイタリア半島に根づきはじめた。シャルル=ダンジューは、シチリアと南イタリアを勢力圏としていた。

このフランス支配を嫌ったのが、シチリアの住人である。彼らはイベリア半島のアラゴン王家を呼びこみ、シチリア島からフランス人たちを追い出す。今度はアラゴン王国がイタリア半島に食指《しょくし》を伸ばしはじめ、フランスから南イタリアのナポリ王の座を奪い取っている。

イタリア半島でのルネサンスは、そうした時代を経て盛り上がっていく。フィレンツェ、ミラノ、ナポリ、ヴェネチア、ジェノヴァなどの都市国家は大いに栄えたものの、彼らがひとつにまとまることはなかった。彼らは、内部で勢力争いを繰り広げていた。

そこにまた、外部の勢力の呼びこみがはじまる。15世紀末、イタリア半島で孤立したミラノがフランス軍を呼びこんだのだ。これが、イタリア・ルネサンスの「終わりのはじまり」となる。

イングランドとの百年戦争を勝ち抜いてきたフランス軍は、イタリア半島で無敵であった。と同時に、分裂状態のイタリア半島があまりに脆《もろ》く、しかもイタリアには多くの富があることもわかった。以後、フランスはイタリア半島への介入を好むようになり、フランスに対抗するように、ドイツ、スペイン勢力もイタリア半島に狙いをつけはじめた。ヴェネチアを目の敵《かたき》にしていた教皇ユリウス2世に至っては、ヴェネチアに勝つために積極的に外部勢力を呼びこんだ。

こうしてイタリア半島は、いつしかフランスやドイツ、スペインという大国の草刈り場となり、彼らの戦場になってしまった。16世紀後半にほぼ決着がついたとき、イタリアの都市国家は弱体化し、スペインの影が濃くなっていた。その後、スペインに代わってオーストリアがイタリア半島に力を持つようになるが、19世紀までイタリア半島はバラバラなまま、大国に半ば従属する時代がつづいた。

イタリア半島の統一がなされ、「イタリア」という国家が生まれるのは19世紀後半のことである。当時、民族主義が高まり、ヨーロッパ各地で国民国家が成立しようとした時代に合わせて、住人もイタリアの統一をようやく求めたのだ。

ただ、イタリアという国はできても、イタリア半島内はバラバラだ。現在でも南北の経済格差はひどく、ローマも、ミラノも、トリノも、ヴェネチアも、それぞれが別の道を歩もうとしているかのようだ。国際ハブ空港がローマとミラノにそれぞれあるのも、イタリア半島がバラバラだからだろう。

半島が寄り集まった「統一されない大半島」 ヨーロッパ半島①

世界の半島のなかで、近世の世界史をつくっていったのは、「ヨーロッパ半島」だろう。

ヨーロッパは「ヨーロッパ大陸」という言い方をされるが、その一方で、ユーラシア大陸から見るなら、ひとつの半島なのである。

「ヨーロッパ半島」は、ユーラシア大陸から西に大きく突き出している。北には北海があり、南には地中海、黒海がある。西には大西洋が広がり、東でウクライナやロシアの平原と地つづきになっている。

ヨーロッパ半島は、まとまりそうで、まとまりきらない半島である。いまだ統一されたことのない半島であり、多くの国に分かれている。たしかに現在、ヨーロッパを統合する組織として、EU（欧州連合）がある。EUには多くの国が加盟しているが、スイス、ノルウェーは加盟していないし、バルカン半島の端《はし》に領土を持つトルコも加盟をゆるされていない。いまだ、ヨーロッパ半島はバラバラなのだ。

ヨーロッパ半島には、これまでさまざまな征服者が現れた。古代ローマ帝国にはじまり、フランク王国のカール1世、フランスのナポレオン、ドイツのヒトラーらだ。彼らはヨーロッパの制覇を試みたが、いずれも失敗に終わっている。その意味で、ヨーロッパ半島も他の半島と同じく「統治不能の要塞」となっているのだ。

ヨーロッパ半島が、他の半島よりもさらに「統治不能の要塞」レベルが高いのは、ヨーロッパ半島自体が多くの半島を抱えているからだ。スカンディナヴィア半島、ユラン（ユトランド）半島、イベリア半島、バルカン半島、イタリア半島などが、ヨーロッパ半島から枝分かれしている。

ユラン半島以外の半島には複数の国があり、それぞれの半島が「統治不能の要塞」である。そんな半島の寄せ集まりがヨーロッパ半島なのだ。ヨーロッパ半島は、それぞれの平野などでまとまり、それぞれが独立地帯となってきた歴史があるのだ。

なぜ、NATOは「東方拡大し、ウクライナを支援」するのか？　ヨーロッパ半島②

現在、「ヨーロッパ半島」のまとめ役となっているEUは、創立当初は、ヨーロッパ半島の半分くらいしか領域を持たなかった。ヨーロッパ半島とアメリカの軍事同盟であるNATO（北大西洋条約機構）もそうで、ともに半島の西側、西ヨーロッパをまとめあげる組織であった。

けれども、21世紀になってNATOもEUも半島の東側へと領域を拡大し、東ヨーロッパを取りこんだ。さらに、ウクライナやジョージアまでもがNATOやEUへの加盟を望み、NATO、EUはヨーロッパ半島全域に拡大する勢いである。

そのＮＡＴＯ、ＥＵの東方拡大が、ウクライナでの戦争の一因にもなっている。２０２2年2月にはじまったウクライナでのロシア軍との戦いは、ウクライナのあり方を問う戦争でもあった。ウクライナがヨーロッパ半島に属するのか、あるいはユーラシア大陸に属するのかの戦いである。

ウクライナは、ヨーロッパ半島の付け根に位置する。そのため、ヨーロッパ半島の勢力とユーラシア大陸の勢力が衝突し、鬩《せめ》ぎ合う地になりやすかった。

ウクライナの源流である中世のキーウ公国のルーツをたどるなら、ヨーロッパ半島側であるスカンディナヴィアからやってきたヴァイキングたちである。キーウ公国が消滅したのち、ウクライナは、ポーランドやリトアニアという半島側の勢力に属している時代も長かった。それが18世紀後半以降、ロシアというユーラシア大陸側勢力の地になっていたから、ウクライナは半島側でもあれば、大陸側でもあったのだ。

ヨーロッパ半島側にとっては、ウクライナがヨーロッパ半島側に属すると自覚してくれるなら、ウクライナはロシアという大陸勢力に対する楯《たて》となる。だからＮＡＴＯは東方拡大を目指し、ウクライナを傘下にしようという勢いであった。

一方、大陸勢力からすれば、ウクライナを楯とすることで、ヨーロッパ半島の勢力拡大を抑えたい。ロシアがウクライナに侵攻したのはそのためであり、ロシアはウクライナのNATO加盟、ヨーロッパ半島側入りを断固として阻止したいのだ。

ウクライナを起点とする「ヨーロッパ半島の大回廊」とは ヨーロッパ半島③

ヨーロッパ半島がウクライナに神経質なのは、ウクライナがヨーロッパ半島の危機の起点になりやすいからでもあるだろう。ウクライナは、ヨーロッパ半島の東西に広がる大平原の起点になっているのだ。

半島は古代の造山運動によって山がちの地形を残していて、ヨーロッパ半島もそうなっている。東西にはアルプスが連《つら》なり、ヨーロッパ半島の北と南を分断している。ヨーロッパ半島の南側には、バルカン半島、イタリア半島と、これまた山がちな地形の半島があり、陸路による東西の電撃的な進軍はむずかしくなっている。一方、ヨーロッパ半島の北側には平原が広がっていて、陸上移動の障害となるものは河川くらいだ。

具体的には、東からウクライナやベラルーシの平原があり、ポーランドの平原、北ドイツの平原とつづく。北ドイツからオランダ、ベルギーの平原地帯を抜けると、フランスの大平原が広がっている。モスクワからパリまでは、河川以外に何の障害もなく、平原を電撃的に横断できる「大回廊」となっているのだ。

この「大回廊」こそは、ヨーロッパを形成し、ヨーロッパの脅威となってきた歴史を持つ。ユーラシア大陸方面からヨーロッパ半島へ民族移動や侵攻があれば、大平原の広がるヨーロッパ半島北部の「大回廊」が絶好の通り道となっていた。

「大回廊」を突き進めば、モスクワからワルシャワ、ベルリンへの侵攻はたやすく、パリにでも容易に到達できる。モスクワからの侵攻を止めようと思ったら、強力な国家という防壁《ぼうへき》を何重にも平原内に置くしかないのだ。

それが、NATO、EUの東方拡大にもつながっている。ヨーロッパ勢力はウクライナをルートとした大陸勢力のヨーロッパ半島進出を恐れ、半島の東側に強い防壁を何枚もつくりたかった。それが、NATO、EUの東方拡大であったが、NATOの東方拡大はロシアを不安に陥《おちい》らせ、ウクライナは侵略戦争の地となったのである。

「大回廊」がヨーロッパの歴史に及ぼした影響とは　ヨーロッパ半島④

ヨーロッパ半島北部の長大な「大回廊」の歴史を振り返ったとき、まず思い起こすのは、4世紀からのフン人の移動にともなうゲルマン民族の大移動だろう。

ゲルマン民族のうち、東ゴート人は黒海の北、いまのウクライナ周辺に居住していた。西ゴート人は黒海の西、いまのルーマニアやブルガリア周辺に、ブルグンド人はバルト海の南、いまのポーランド周辺に住んでいた。

そこに、4世紀後半、アジア方面からフン人の西進がはじまる。剽悍《ひょうかん》なフン人がヴォルガ川を渡って襲来すると、まずは黒海の北、ウクライナの東ゴート人がフン人に押される。東ゴート人たちはフン人からの攻撃によって恐慌状態に陥り、ヨーロッパ半島を西へと移動しはじめた。この東ゴート人の西への逃亡がきっかけとなり、フン人の襲来を恐れるゲルマン人諸部族は西へと大移動をはじめた。

このとき、東ゴート人、西ゴート人はヨーロッパ半島南部への移動を選び、イタリア半島に入っていく。すでにローマ帝国と接していた彼らは、バルカン半島やイタリア半島での庇護《ひご》と生活の確保を求めたのだが、他の諸部族は、ヨーロッパ半島の北側の大平原を移動のルートに選んだ。

バルト海の南にあったブルグンド人の場合、ライン川を越え、いまのフランスのブルゴーニュ地方にまで落ち延びた。エルベ川の東に居住していたヴァンダル人の場合は、ライン川を渡り、フランスの大平原を突っ切り、イベリア半島から北アフリカにまで上陸している。

肝心のフン人はといえば、ヨーロッパ半島をほぼ真っ直ぐ西へと進み、ドイツを越えて、フランスの平原にまで襲来している。ヨーロッパ半島の北側は絶好の「大回廊」であり、この「大回廊」を伝ってゲルマン人諸部族が移動したことで、いまのヨーロッパにつながる新しい姿が生まれていったのだ。

その後、ヨーロッパ半島に移住、住み着いたゲルマン人たちは、ウクライナ方面からの新たな攻勢に怯《おび》えることになる。中央アジアにあった遊牧民アヴァール人もまた、ウクライナを通過し、いまのハンガリー方面まで侵攻した。

つづいてウラル山脈にあったマジャール人が、これまたアヴァール人とほぼ同じルートでヨーロッパ半島を目指し、ハンガリーを襲っている。彼らの撃退に成功したのが、ドイツ王オットー1世であり、彼は初代神聖ローマ皇帝として戴冠してもいる。一方、マジャール人はやむなく、カルパティア盆地に定着している。

13世紀、ヨーロッパ半島北側の「大回廊」を利用したのが、モンゴル帝国である。モンゴル高原を根拠とした彼らの大征服は南ロシア、ウクライナに及んだのち、ポーランドへと侵攻、現在のドイツとの国境に近いレグニーツァ（リーグニッツ、ワールシュタット）にまで及んでいる。モンゴル帝国の場合、レグニーツァでの勝利ののち、ハンガリーを襲い、引き返してしまったが、ヨーロッパ半島からすれば、「大回廊」からの一大危機であった。

19世紀初頭、ナポレオン戦争によって、ヨーロッパ半島北側の「大回廊」の脅威はまたも顕在化《けんざいか》する。すでにヨーロッパには国境線が敷かれ、国境の書き換えがむずかしくなろうとしていた時代である。にもかかわらず、ヨーロッパ半島北側の「大回廊」では、軍隊が東に西に大きく動いたのだ。

フランスのナポレオンは、ヨーロッパ半島の北側の「大回廊」を東に進むことで、たびたび戦勝をあげ、プロイセン、オーストリアを屈伏《くつぷく》させている。このの ち彼が目指したのはロシア帝国の都モスクワであり、モスクワ入城を果たしている。パリからモスクワへの遠征が短期間で実現していたのである。

ナポレオンが劣勢になるや、今度はロシア軍がパリへ入城し、駐屯《ちゅうとん》する。このとき以来、ヨーロッパ半島の住人は、ヨーロッパ半島北側の「大回廊」がロシアの征服ルートになることを自覚する。

20世紀、第2次世界大戦では、ヒトラーのドイツが「大回廊」からの電撃戦によってウクライナの確保を狙ったものの、ソ連軍に撃ち破られる。逆に、ソ連軍によってベルリンは陥落させられる。西からはアメリカ軍が進撃していたから、ソ連軍の「大回廊」づたいの進撃はベルリンで止まらざるをえなかったものの、ヨーロッパ半島にとってソ連は、新たなゲルマン人、マジャール人、モンゴル帝国であった。

以後、ヨーロッパの住人はヨーロッパ半島北側の「大回廊」に幾重《いくえ》もの防壁をつくり出そうとしてきた。それがソ連崩壊後の、NATO、EUによる東ヨーロッパ諸国の取りこみであったのだ。

イギリスはなぜ、「ヨーロッパの統合」を嫌うのか？　ヨーロッパ半島⑤

ヨーロッパ半島がひとつの共同体になれないのは、その山がちな地勢にもよるが、もうひとつ、半島の沖にブリテン島があるからだ。ブリテン島にあるイギリスは、ヨーロッパ半島に強力な統合勢力が生まれることを嫌い、つねに邪魔をしてきたのだ。

イギリスがヨーロッパ半島に神経質なのは、海峡を挟んだブリテン島とヨーロッパ半島の距離が近いからだ。その距離は日本の九州と朝鮮半島よりもはるかに近い。そのため、ブリテン島はヨーロッパ半島からたびたび侵攻を受けてきた。古くはローマ帝国の侵攻、ゲルマン人の一派であるアングロ＝サクソン人の襲来、ノルマン人（ヴァイキング）による強奪、ノルマン人の末裔《まつえい》ノルマンディー公ウィリアムによる征服などだ。

ノルマンディー公ウィリアムの征服と建国から、いまのイギリスははじまるのだが、イギリスの歴史はヨーロッパ半島との戦いの歴史である。ここが、日本との違いだろう。

日本の場合、朝鮮半島や中国大陸から遠いため、めったなことでは攻められなかった。おかげで日本が朝鮮半島情勢や中国大陸の動向に長いこと無関心でいられたのとは対照的に、イギリスはヨーロッパ半島をつねに警戒せざるをえなかったのだ。

その意味で、イギリスは島国といいながら、少しだけ半島的な側面も持っている。イギリスをヨーロッパ半島から突き出た半島のような存在と考えたとき、ヨーロッパの巨大な勢力はイギリスにも浸透しようとする。イギリスは、これを恐れた。

そのため、「半島的性格を持つ島国」イギリスは、ヨーロッパ半島の攪乱《かくらん》要因であろうとしつづけた。ヨーロッパで大国による征服活動、統合がはじまるや、ヨーロッパ半島の諸国と同盟を結び、征服活動を押しとどめようとしてきた。

17～18世紀、ルイ14世のフランスが領土拡張に動いたとき、イギリスはルイ14世の野心を挫《くじ》くために、同盟国とともにファルツ戦争（アウクスブルク同盟戦争）やスペイン継承戦争などを戦ってきた。

18世紀末のフランスに、ナポレオンが登場したときも同じである。イギリスはヨーロッパ諸国と対仏大同盟を結んで、ナポレオンに対抗、ついにはナポレオンを没落させてきた。20世紀のふたつの世界大戦では、巨大化を狙うドイツを挫くために、フランスと結んで戦ってきている。

半島と島国はそうは戦わないし、島国が半島に干渉することもめったにない。その意味で、イギリスとヨーロッパ半島の関係は特異であり、ヨーロッパ半島はしばしばイギリスの干渉を受けてきた。

近年、イギリスはEUから離脱したが、それはヨーロッパ半島の統合に巻きこまれるのを嫌がったからだろう。イギリスがヨーロッパ半島の勢力圏に入ったままなら、イギリスは島嶼《とうしょ》国家としての自由を失う。イギリスは自由を確保するために、ヨーロッパ半島から距離を置くべく、ブレグジットを選んだのだろう。

独立・分離を志向する地域を抱えるスペイン　イベリア半島①

スペインとポルトガルは、ヨーロッパの世界進出の先駆《せんく》となった国々だ。スペインとポルトガルが同じイベリア半島にあるのは、偶然ではないだろう。ともにイベリア半島にあ

イベリア半島

るという地政学的な優位を活《い》かして、世界に進出していったのだ。

ただ、スペイン、ポルトガルという国が登場するまで、イベリア半島は「統治不能」の地であった。イベリア半島もまた多くの半島がそうであるように、地域ごとに勢力が分散し、完全に征服されたことがない半島であったのだ。

イベリア半島は、ヨーロッパ半島の西端に位置する。北にはビスケー湾、南には地中海があり、西には大西洋が広がっている。東の陸つづきの部分には、ピレネー山脈が横たわっている。イベリア半島はヨーロッパ半島とは地つづきだが、ピレネー山脈が壁となって、隔絶《かくぜつ》した地にもなっている。一方では、ジブラルタル海峡の向こうにはアフリカ大陸があり、北アフリカと交《まじ》わりやすい。
イベリア半島が統治不能なのは、これまた多くの半島と同じで、山がちだからだ。とくに半島の北部では山が海に迫り、平野は狭く、大きな都市はそれほどない。平地が点在しているのは西側と南側であり、西側にはポルトガルのリスボン、南側にはスペインのセヴィーリャ、コルドバ、バレンシア、バルセロナなどの大きな都市、歴史ある都市が点在している。

イベリア半島の統治不能は、イベリア半島最大の国であるスペインによく表れている。スペインは中央集権国家になっているとはいえ、独立・分離を志向する地域をふたつも抱えている。イベリア半島の北にあるバスク地方と、イベリア半島のもっとも東にあり、地中海に面するカタルーニャ地方である。いずれも、バスク語、カタルーニャ語という独自の言語を話す。

とくにバスク語の場合、インド・ヨーロッパ語族に属していない。系統不明の言語であり、バスク人そのものがスペインはもちろん、他のヨーロッパの民族とも異なる、系統不明の民族とされる。

ほかにスペインには、ガリシア語を操るガリシア地方やバレンシア語を話すバレンシア地方もあり、多様な言語を持つ国になっている。イベリア半島にはほかにポルトガル語もあり、イベリア半島自体が多様な地帯となっている。これまた、平野がいくつも分かれる半島ならでの「統治不能」の風景だろう。

なぜ、「多言語・多民族が共存する地」となったのか？ イベリア半島②

イベリア半島に多様な言語が残されているのは、古代より多くの地域から異なる民族がイベリア半島に移住してきたからであるだろう。移住してきた民族は、イベリア半島の地域に住み着き、独自の文化を持つ独立地帯をつくっていったのだ。

イベリア半島に流入していった者たちは、陸からよりも海を渡ってのケースが多いように思われる。その代表が北アフリカのカルタゴであり、つづいては古代ローマであった。いずれも船団を組んで上陸し、平地に植民都市を築いていったが、彼らとてイベリア半島の征服は無理であった。山の多いイベリア半島の中央から北側には、進出できないままだったのだ。

また、イベリア半島の北側には、ブリテン島（イギリス本島）からやってきたケルト系の住人が住み着いている。彼らは、ブリテン島に襲来したアングロ＝サクソン系に追われるようにして、イベリア半島に渡っている。その末裔《まつえい》と思われるのが、いまのガリシア語を話すガリシアの住人たちだ。

イベリア半島の様相を変えたのは、8世紀に侵攻してきたイスラム勢力である。中東世界で、イスラム帝国であるウマイヤ朝がアッバース朝に滅ぼされたときだ。ウマイヤ朝の残党がイベリア半島に渡り、後ウマイヤ朝を築く。彼らは、内陸のコルドバに都を置いた。

以後、数世紀にわたって、イベリア半島はイスラム勢力の下に置かれるが、彼らとてもイベリア半島の中南部までを勢力圏としたにすぎない。しかも、後ウマイヤ朝滅亡ののち、イベリア半島には20余りのイスラム王国が点在していたというから、イベリア半島の統治不能ぶりが表れている。

また、イベリア半島に渡ったイスラム勢力は、その勢いでピレネー山脈を越えて、フランスの平原になだれこんでいる。イベリア半島からフランスへの唯一《ゆいいつ》の侵攻であったが、その侵攻はフランク王国によって撃退されている。

勝利したフランク王国だが、彼らはピレネー山脈を無理に越えようとはしなかった。ピレネー山脈は大きな壁に映り、フランク王国はイベリア半島に本格的に介入することを避けていた。西のピレネー山脈を大きな壁と見たフランク王国は、東へと拡大を進めていく。

異教徒排除の名のもとに燃え上がった統一の情熱

イベリア半島③

イベリア半島が統一に向かうのは、中世から近世にかけてのことだ。それは、宗教的熱狂による人為的な統一運動でもあった。

11世紀以来、ヨーロッパのキリスト教徒は中東に十字軍を差し向けていて、このイベリア半島版が「レコンキスタ（国土回復運動）」となる。イスラム教徒に奪われていたイベリア半島の土地を、キリスト教徒が奪い返す運動だ。

イベリア半島北部は、イスラム勢力に支配されていなかったから、レコンキスタはこの地のキリスト教徒たちからはじまった。レコンキスタの過程で、イベリア半島には、レオン王国やカスティリャ王国、アラゴン王国、ナバーラ王国などが登場していた。そのなかで勝ち抜いてきたアラゴン王国とカスティリャ王国の合併により、スペインが誕生する。

スペインは１４９２年にグラナダを落とし、イスラム王国を消滅させた。これにより、イベリア半島にはスペイン、ポルトガルというふたつのキリスト教国が存在することになったのだ。

それは、イスラム教徒、つまり異教徒の排除という排他的な情熱の結果である。宗教的な高揚と排他主義があったからこそ、バラバラだったイベリア半島が統合されていったのだ。

16世紀後半、スペインがポルトガルを吸収したとき、イベリア半島はほぼ統一された状態になる。ただ、スペインとポルトガルの合併はそう長くはつづかず、17世紀半ばには両国はまたも分離している。

スペインがマドリッドを都にしたのも、統一を経てのことである。もともと、スペインの各地域は独立色が強いうえ、スペインそのものがアラゴン王国とカスティリャ王国の合同による。アラゴン色の強い地域、カスティリャ色の強い地域、あるいは独立色の強い地域に首都を置くのは、揉《も》めごとを起こすようなものだ。そこで、比較的中立的な地域のマドリッドに新たな都が建設されたのである。

スペインとポルトガルが海洋国家になった理由とは　イベリア半島④

15世紀後半、スペインとポルトガルは、ヨーロッパでもっとも野心的な地域になっている。もともとイスラムの高度な文化土壌があるうえ、それまで半島内のイスラム教徒との戦いに向けられてきたパワーがまとまって、半島の外に投入されはじめたからだ。

スペインとポルトガルが、イベリア半島を基盤に目指したのは海洋進出である。ポルトガルはアフリカ大陸の西岸を南下し、喜望峰《きぼうほう》を発見し、インドに向かう。一方、スペインは大西洋を横断し、アメリカ大陸の存在を知る。以後、スペインとポルトガルは海外の富をヨーロッパに持ちこみ、繁栄を遂げる。

スペインとポルトガルが海洋進出に出たのは、それ以外にパワーを注ぎこめる地がなかったからだ。ヨーロッパに進出しようにも、進出する先がさほどなかったのだ。

たしかに、強国となったスペインの場合、地中海に面していることもあって、イタリア半島における勢力争いに参戦し、イタリア半島にも勢力圏を築いた。けれども、小国のポルトガルは、地中海に面していないこともあり、イタリア半島の勢力争いに加われない。大西洋に向き合うポルトガルは、この大海の活用を考え、やむなくアフリカ沿岸に進出した。これが吉と出たのである。

スペインもまた、ヨーロッパ半島のもっとも西に位置する国家のひとつとして、未知の大西洋に賭けに出た。これも吉と出て、イベリア半島は海洋国家となったのである。

なぜ、イベリア半島は「ヨーロッパからの孤立」を望んだのか？ イベリア半島⑤

19世紀初頭、イベリア半島は半島外の勢力によって悲惨な戦場となっている。フランスの皇帝ナポレオンが、イベリア半島の支配を望んだからだ。フランス軍はイベリア半島へ侵攻。ナポレオンの野望を阻止するため、イギリス軍も海を渡り、イベリア半島に上陸している。

「半島戦争」とも呼ばれるイベリア半島での戦争は、凄惨《せいさん》なものになった。イベリア半島の住人がフランスの支配に強く反発し、激しく抵抗をつづけたからだ。半島戦争では、「ゲリラ」と呼ばれる者たちが登場、フランス兵士を襲いつづけた。フランス兵とイベリア半島のゲリラはすぐに互いを憎悪するようになり、お互いの遺骸《いがい》を損壊しはじめたから、憎悪は憎悪を呼んだ。

半島戦争が凄惨化したのは、イベリア半島のそれぞれの地域に独立色が強かったからだ。スペインとポルトガルの中央政府に統治されてきたとはいえ、半島のそれぞれの地域は「統治不能」の一面を持ちつづけていた。その「統治不能」の独立の気風《きふう》が、フランス兵に対する強い反発となり、フランス兵の血を求めたのだ。

ナポレオンの大征服は、多くの地でさほど強い抵抗にあっていない。イベリア半島という「半島」だったから、強い抵抗があり、ナポレオンの大征服はイベリア半島で挫折していた。ナポレオンの没落は、ロシア遠征を前にイベリア半島ではじまっていた。

ナポレオンを敗退させたイベリア半島だが、その後、平和は戻ってこなかった。ナポレオンとの戦争によって、半島はまたもバラバラになり、内乱が多い時代を迎えていた。

一方、ナポレオンとの戦いののち、イベリア半島、ことにスペインの政治家はヨーロッパ半島からの孤立を望みはじめている。もともと、ピレネー山脈の存在によって、イベリア半島はヨーロッパから隔絶されてきた。そこに、ナポレオンのフランス軍の侵攻である。その悲惨な体験から、2度とフランス及びヨーロッパ勢力を半島に呼びこむような隙《すき》をつくってはいけないと考えるようになったのだ。

それが、スペインで鉄道が整備されていったとき、レール幅（軌間）を広軌《こうき》（1668ミリメートル）とする選択となった。フランスをはじめヨーロッパの国々が標準軌（1435ミリ）を共通にしたのに対して、スペインのみは広軌としたのだ。

これは、フランスの鉄道をスペインに延長させないための方策である。レール幅が違えば、フランスは鉄道を使って兵士をイベリア半島に送りこむことはできない。広軌は、ピレネー山脈と並ぶ防壁となったのだ。

20世紀、ふたつの世界大戦にあって、スペインが参戦していないのも、ヨーロッパに下手にかかわり、自国を戦場にしたくなかったからだろう。とくに1930年代のフランコ政権のスペインの場合、内戦を勝ち抜くのに、同じ右派のドイツやイタリアの支援を受けてきた。ならば、同じファシスト陣営で第2次世界大戦に参戦しても不思議ではなく、ドイツのヒトラーもスペインの参戦を求めていた。にもかかわらず、スペインが参戦することはなかった。

スペインはヨーロッパからのできうるかぎりの孤立を選び、ヨーロッパからイベリア半島への介入の隙を与えようとしなかった。このあたりは、他の半島に見られないあり方ではないだろうか。

山脈で分断されている「平和志向の半島」の戦歴とは　スカンディナヴィア半島①

北欧のスカンディナヴィア半島は、スウェーデン、ノルウェー、フィンランドの3か国からなる。これにデンマークが加わると、北欧4か国となる。

デンマークはかつてスカンディナヴィア半島の一部を領有していたし、スカンディナヴィア半島の国々とともに歴史をつくってきた。その意味で、デンマークもスカンディナヴィア半島の一員に数えてもいい。

現在、北欧4か国は先進国の見本のようにもなっている。それぞれの国が高い国民所得を

スカンディナヴィア半島

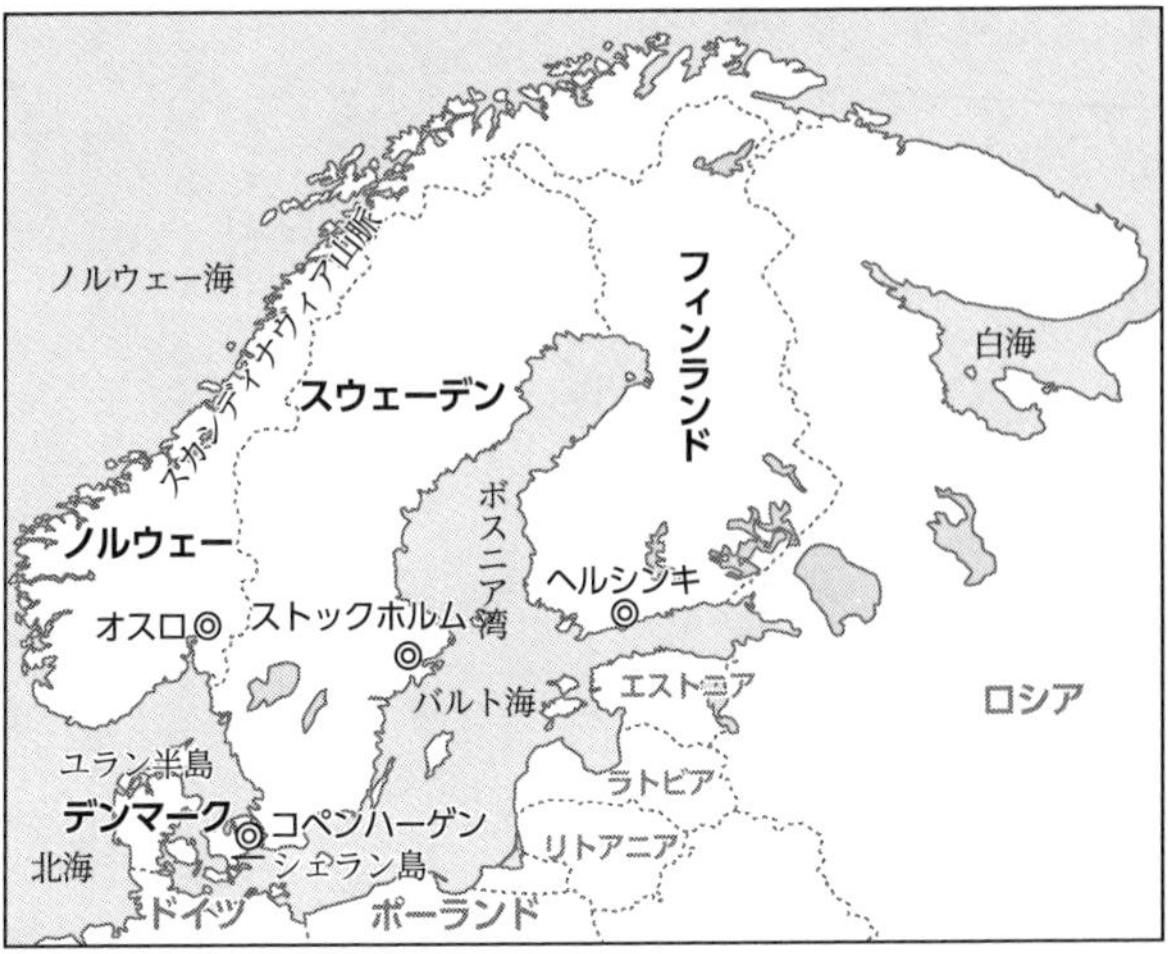

誇り、国民は手厚い福祉に守られている。平和主義の国家を目指し、つい最近まではスウェーデン、フィンランドは中立国でもあり、北欧は平和を享受しているように映った。

けれども、それらは北欧の一側面であり、うわべの姿である。だいいち、北欧４か国とひとくくりにされながら、北欧の国々はまったく結束していない。まったくバラバラなのである。

北欧がバラバラなのは、ヨーロッパに対しての姿勢からもわかるだろう。現在、ノルウェーはＥＵには加盟していない。加盟しているスウェーデン、デンマーク、フィンランドのうち、ユーロという共通通貨を導入しているのは、フィンランドのみとなる。スウェーデン、デンマーク、ノルウェーはそれぞれ独自の通貨を持ち、北欧の通貨の体制はバラバラなのだ。現在、ヨーロッパが通貨統合を進めているのとは、まったく逆方向にある。

　また現在、ＮＡＴＯに加盟しているのは、ノルウェーとデンマークのみである。スウェーデンとフィンランドは中立政策を保っていたが、２０２２年のロシア軍のウクライナ侵攻によって、ＮＡＴＯ加盟に動いている。ロシアの脅威を認識することによって、フィンランドもスウェーデンも、中立を捨てざるをえなかったのだ。

　このように、北欧諸国の向かおうとしている先が実際にはバラバラなのは、スカンディナヴィア半島もまた、全体としては統治不能だからだ。多くの半島が「統治不能」であるように、平和に見えるスカンディナヴィア半島もまた、全体では統治不能といえる。

　その統治不能は、スカンディナヴィア半島の地形によるものだろう。半島の南北をはしっているのは、スカンディナヴィア山脈だ。この山脈によってスカンディナヴィア半島は東西に完全に分断されているし、南部の平野地帯には湖沼《こしょう》、河川、湿地帯が多く、地域が分断されやすい。スカンディナヴィア半島もまた、他と同じく統治不能の半島の条件を持っているのだ。

　しかも、スカンディナヴィア半島は、ふたつの大きな突起《とっき》からなる。ひとつの突起にはノルウェーとスウェーデン、もうひとつの突起にはフィンランドがある。フィンランドとスウェーデンは西北で陸つづきとはいえ、南はボスニア湾を挟んで向かい合っている。そのため、フィンランドのみは、スカンディナヴィア半島のなかでも別の歴史を経ている。

スカンディナヴィア半島は、ほとんど統一されたことがない。たしかに、14世紀末にデンマークを中心にスウェーデン、ノルウェーが同君連合体である「カルマル連合」を結成したことがある。けれども、カルマル連合は半世紀余りで解体に向かい、スウェーデンは離反してしまっている。

また、スカンディナヴィア半島はいまでこそ平和志向の半島だが、かつては内部で激しく争っていた。とくにスウェーデンとデンマークは、14世紀だけでも9回の戦争を体験してきている。その後、17世紀まで1世紀に5度の戦争を繰り返すほど、スカンディナヴィア半島もまた統治不能であったのだ。

北欧における「デンマークの力の根源」となった海峡とは　スカンディナヴィア半島②

スカンディナヴィア半島の北にはバレンツ海、西にはノルウェー海が広がり、南には北海とバルト海がある。バルト海はスカンディナヴィア半島の内海のようなものであり、スカンディナヴィア半島からは海上勢力が出やすい。

スカンディナヴィア半島のもうひとつの特徴は、南の先端に、シェラン島が存在するところだ。シェラン島の西にはユラン（ユトランド）半島があり、スカンディナヴィア半島は、シェラン島、ユラン半島とは三者で狭い海峡を形成していて、つながった格好になっている。この海峡が、バルト海と北海の通路になっている。

このバルト海と北海の通路にあたる海峡周辺で、シェラン島とユラン半島を領有するのはデンマークである。

デンマークの首都コペンハーゲンはシェラン島にあり、シェラン島はエーレ（エーアソン）海峡を挟んで、スカンディナヴィア半島に対面している。エーレ海峡のもっとも狭いところは、わずか4キロ程度とされる。かつて冬になると凍結し、スカンディナヴィア半島からシェラン島へは徒歩で渡ることもできたほどだ。デンマークが、スカンディナヴィア半島の勢力ともいえる理由がここにもある。

デンマークは17世紀後半まで、スカンディナヴィア半島のスコーネ地方も領有していたから、その時代、デンマークはエーレ海峡を独占できた。また、シェラン島とユラン半島のあいだにあるストア海峡も独占できたから、デンマークは北海とバルト海を結ぶチョークポイントを押さえられた。これが、デンマークの強みとなっていた。

スカンディナヴィア半島の勢力争いにあって、中世まで主導権を握ってきたのは、デンマークである。デンマークが優位に立てたのも、バルト海と北海を結ぶチョークポイントにあり、海上交易の中枢でいられたからだろう。

デンマークは19世紀半ばまで、周辺海峡を航行する船に「海峡税」を課していた。海峡税がデンマークを潤《うるお》し、デンマークの力の根源にもなっていたのだ。

半島の不統一を望んでいた勢力とは　スカンディナヴィア半島③

スカンディナヴィア半島がまとまりきらず、つねにスウェーデンとデンマークが争っていたのは、半島外の勢力がそれを望んでいたからでもある。中世にあって、スカンディナヴィア半島の不統一を望んでいたのは、ハンザ同盟である。

ハンザ同盟とは、北ドイツの都市や商人による同盟だ。バルト海を挟んでスカンディナヴィア半島の対岸には、北ドイツがある。中世にあって、ドイツのバルト海沿岸の商人たちは海上交易で活躍し、リューベックを中心にハンザ同盟を結成していた。

ハンザ同盟にとって、対岸のスカンディナヴィア半島はよき交易相手であった。と同時に、潜在的な脅威でもあった。

もしも、スウェーデンとデンマークの抗争のなかで、どちらかが一方的に勝利し、スカンディナヴィア半島を統一したら、どうだろう。スカンディナヴィア半島はバルト海には大きすぎる勢力となり、ハンザ同盟の存在を脅かしかねない。

そのため、ハンザ同盟はスカンディナヴィア半島でつねにスウェーデンとデンマークの勢力が拮抗《きっこう》し、均衡した状態にあることを望んだ。どちらか一方の勢力が強くなりすぎるようなら、ハンザ同盟は劣勢のほうを支援していた。

その一方で、ハンザ同盟はスカンディナヴィア半島の安定化も欲していた。たしかにスカンディナヴィア半島がまとまって大きな勢力となるのは、困りものだ。だからといってスカンディナヴィア半島があまりに不安定だと、バルト海交易の支障となる。そこで、ハンザ同盟はデンマーク、スウェーデンが中央集権国家としてまとまりやすいよう支援もしている。

半島には統治不能の側面があり、多くの半島国家は統治に苦しんでいる。けれども、スカンディナヴィア半島のそれぞれの国を見ると、国家としてはわりとよくまとまっている。それは、中世のハンザ同盟が望んできたことがなされていたからでもあるだろう。

なぜ、半島内で対立を続けながら、海洋に進出したのか？　スカンディナヴィア半島④

スカンディナヴィア半島の特徴のひとつは、早くから半島から外へと進出してきたところにある。

半島というのは、もともと内向きである。半島内の争いに終始しがちだからだ。半島内が強い力でまとまったとき、内向きの力は外に向けられる。イタリア半島で育った古代ローマにしろ、最初から世界帝国の建設を夢見ていたわけではなく、半島内を統一したからこそ、はじめて外向きになっていった。

ところが、スカンディナヴィア半島はまったく異なる。半島内でまとまりきらず、対立をつづけているというのに、海洋進出を果たしていたのだ。それが、9世紀から11世紀にかけてのヴァイキング（ノルマン人）のヨーロッパ襲撃となる。

ヴァイキングとは、スカンディナヴィア半島やその周辺にあった住人の呼び名である。彼らは居住空間によって、おもに3つの部族に分かれていた。ノール人、スウェード人、デーン人であり、それぞれがいまのノルウェー、スウェーデン、デンマークをかたちづくっていく。彼らは、スカンディナヴィア半島から船で外洋へ出かけ、ヨーロッパ各地やいまのロシア、ウクライナを襲いはじめた。彼らはやがて襲撃先で定住し、国家を建設するようになる。

スカンディナヴィア半島の住人がヴァイキングとなって、外洋進出を果たしたのは、複数の要因が重なってのことだろう。もともとスカンディナヴィア半島は、寒冷の地である。漁業がさかんであるとはいえ、農業には不向きであり、豊かとはいえなかった。

だから、早くに海洋進出に興味を持ち、海洋交易に力を注いできた。豊かなイタリア半島の場合、海洋進出にはそこまで焦らなくてもいいのだが、スカンディナヴィア半島は違ったのだ。

そうしたなか、8世紀後半に西ヨーロッパで大勢力になっていたのが、フランク王国である。フランク王国のカール1世はザクセンの占領に熱心であり、たびたび侵攻を繰り返しては、ついにザクセンも手中にした。このザクセンの征服過程で、スカンディナヴィア半島とその周辺はフランク王国の圧力を感じはじめた。

この圧力により、デーン人、スウェード人、ノール人らはそれぞれがひとつにまとまっていく。スカンディナヴィア半島で、国家の建設がはじまったのだ。とくにデンマークの王室のはじまりは10世紀頃であり、現存する王室としては、日本の皇室に次いで古い。

そうした国家建設と同時に、スカンディナヴィア半島の住人たちは、フランク王国が豊かな国ではないかと察しはじめた。スカンディナヴィア半島の住人が選んだのは、豊かなフランク王国への挑戦であり、その富の略奪である。

スカンディナヴィア半島は国家建設という興隆期にあったから、勢いがあり、国家建設のための富を外側に求めた。ヴァイキングは、フランク王国の拡大に対する反撃からはじまり、それがしだいにヨーロッパの各地域からの収奪に変わっていったのだ。

当時のヨーロッパの諸地域には、海からの襲撃への備えはない。ヴァイキングは突如として現れ、襲撃してくるから、対処のしようがなかった。思いのままの略奪に味をしめたヴァイキングは、襲撃領域を広げ、地中海や黒海にまで進出していった。

ヴァイキングは、いかにして世界を再編したのか？ スカンディナヴィア半島⑤

ヴァイキングのヨーロッパやロシア方面への進出は、スカンディナヴィア半島による世界の再編でもあった。彼らが襲撃先の各地に定住化した末に、国を築いていったからだ。スカンディナヴィア諸国が同時代に国家を築いていったのと同じように、スカンディナヴィア半島を飛び出した勢力も、襲撃先で国家を築いていったのだ。

とくにヴァイキングは、イングランドの歴史に深くかかわっている。デーン人たちは、いまだ統一がなされるかなされないかのイングランドをたびたび襲って征服し、イングランドにデーン朝を成立させている。イングランドの王となったデーン人のクヌートは、デンマーク王を継承したのち、ノルウェー王にもなり、「北海帝国」を形成した。

北海帝国はクヌートの死によって瓦解《がかい》してしまうが、こののちイングランドに上陸したのが、ノルマンディー公ギョームである。彼は、フランスのノルマンディー地方に住み着いたノルマン人の子孫である。すでにフランス化していたが、ヴァイキングの血筋をひく。ギョームはヘイスティングスの戦いに勝利してのち、ウィリアム1世として即位、イングランドにノルマン朝を築く。現在のイギリス王室は、ノルマン朝の始祖ウィリアム1世の血筋を継承している。

また、フランスのノルマンディーにあったノルマン人の一派は、地中海に進出し、シチリア、南イタリアを征服する。彼らによって建国されたのが、「両シチリア王国（シチリア・ナポリ両王国）」である。

一方、スウェード人たちは、ロシア、ウクライナ方面に進出している。彼らはノヴゴロドを築いたのち、ドニエプル川の中流域のキーウを拠点とした。これが「キエフ・ルーシ公国」であり、ウクライナ、ロシアの源流になっている。

ヴァイキングの外洋進出は、イギリス、フランス、イタリア、ロシアの形成に大きな役割を果たしていた。彼らはやがて土着化して、スカンディナヴィア半島が故郷であることも忘れ去っている。

それでも、スカンディナヴィア半島が歴史を動かしたことはたしかである。スカンディナヴィア半島は、半島勢力として数少ない「外に影響力を持つ歴史」を有していたのだ。

スウェーデンはいかにして「バルト帝国」を形成したか？ スカンディナヴィア半島⑥

ヴァイキングにつづいて、スカンディナヴィア半島から外に向かって勢力拡大を図るのはスウェーデンだ。スウェーデンが半島外に勢力を拡大できたのは、ひとつには東方が未開拓であったからだ。

すでに12世紀の時点で、スカンディナヴィア半島には、スウェーデン、デンマーク、ノルウェーが存在している。スウェーデンがスカンディナヴィア半島の西方で勢力を拡大しようにも、障害はあまりに大きい。

一方、東を見ると、いまのフィンランドにはフィン人が居住していたが、いまだ国家としては成り立っていない。この当時、モスクワを中心とするロシアというものは存在していない。いまのポーランドのあたりにはドイツ人がせっせと植民をはじめていたが、未開拓の地も多かった。こうした事情から、スウェーデンは半島国家でありながら、東方拡大に出ることができたのだ。

12世紀以降、スウェーデンの勢力はボスニア湾を渡り、フィンランド地方の西岸に拠点を築いていく。フィンランドを手中にしたのち、フィンランド湾の奥深くにあるカレリア地峡帯を進んでいくと、ノヴゴロドの勢力と対立することになる。

スウェーデンは、ノヴゴロドと戦いながらも勢力拡大していく。17世紀前半には、いまのロシアのレニングラード州に相当するインゲルマンランドまで版図《はんと》としていた。

その後も、スウェーデンの勢力拡大はつづく。17世紀前半のドイツ三十年戦争では、スウェーデンはプロテスタント側に立って参戦し、ドイツに軍を送りこむ。国王グスタフ＝アドルフは戦死したものの、得たものは大きかった。

戦後、スウェーデンはフィンランドのみならず、エストニア、リヴォニア（いまのラトビア東北部）、さらにいまのドイツやポーランドの一部までも領有していた。スウェーデンはバルト海随一の勢力となり、「バルト帝国」ともいわれるようになっていた。

スウェーデンがこのままヨーロッパに進出すれば、半島国家から変身し、大陸国家にもなっていただろう。だが、スウェーデンの「バルト帝国」は崩壊に向かう。

ひとつには、周辺国が大国化するスウェーデンを脅威とし、反スウェーデン包囲網を築いたからだ。もうひとつは、新興国に等しいロシアにピョートル1世が現れ、近代化、大国化の道を歩もうとしたからだ。モスクワ中心の内陸国家だったロシアが大国となるには、バルト海に出ることが不可欠であり、バルト海の覇者となっていたスウェーデンとの対決は避けられなかったのだ。

こうして、1700年からスウェーデンとロシアのあいだで「北方戦争」がはじまる。北方戦争でスウェーデンを率いた国王カール12世は、ナポレオンの先駆のような天才的軍人といまなお評価されている。ロシアのピョートル1世もまた、「大帝」といわれるほどの軍略家である。北方戦争は、スウェーデンとロシア、どちらの勝利もありうる戦いであったが、敗れたのはスウェーデンである。

スウェーデンのカール12世は、あまりに版図を広げようとしすぎた。ナルヴァの戦いでロシア軍に圧勝したのち、ロシアを追い詰めることなく、ポーランド方面を転戦し、手を広げすぎていた。その間、ロシアに体力回復の時間を与えてしまった。カール12世は、ウクライナ方面へ侵攻したのち、ポルタヴァの戦いで歴史的敗北を喫している。

その後、カール12世の死もあって、スウェーデンは北方戦争に敗北する。戦後、スウェーデンは、フィンランド以外の領土を失ってしまっていた。一方、勝利したロシアはバルト海に面した都市サンクトペテルブルクを建設する。ロシアはバルト海のプレイヤーの一員となったのみならず、スカンディナヴィア半島の脅威ともなっていたのだ。

第2次大戦後、中立を選んだ2国の事情とは スカンディナヴィア半島⑦

スカンディナヴィア半島は、17世紀まではユーラシア大陸に攻勢的な半島であったが、18世紀以降、ユーラシア大陸に対して守勢に回っている。ユーラシア大陸内でロシアが大国化しはじめ、ドイツが統一へと向かっていったからだ。

それまで、スカンディナヴィア半島周辺には大きな脅威はなかった。バルト海に面したロシアも存在していなかったし、ドイツは分裂していた。だから、スカンディナヴィア半島内ではスウェーデンとデンマークがしょっちゅう戦争していてもゆるされたし、スウェーデンは大陸国家としての夢を見ることもできた。

けれども、ロシアが巨大化し、ヨーロッパ半島にも勢いのある勢力が出る時代になると、スカンディナヴィア半島は個別に撃破されていく。スウェーデンはロシアに押しこまれ、ナポレオン戦争の時代、フィンランドをロシアに奪われている。デンマークはといえば、同じナポレオン戦争の時代にフランス寄りの姿勢を見せたことで、イギリスにコペンハーゲンを焼き討ちされている。

20世紀、第1次世界大戦後にフィンランドは独立を果たす。スカンディナヴィアの4か国は中立維持に動こうとするが、ソ連とナチス・ドイツには通じなかった。第2次世界大戦がはじまると、1939年、ソ連軍はフィンランドのカレリア地方に侵攻し、「冬戦争」となる。

これは、ソ連による明らかな侵略なのだが、イギリス、フランスからの救援はなかった。近未来にありうる対ドイツ戦に備えて、ソ連を頼みとしていた英仏が、ソ連との敵対を避けたからだ。フィンランドは、ナチス・ドイツを頼りとするしかなかった。

1940年、ナチス・ドイツはデンマークとノルウェーを急襲、電撃的に占領を果たした。ドイツにとって、ノルウェー、デンマークの占領はイギリスに対する側面攻撃となる。と同時に、ドイツはバルト海をドイツの内海にしようとしていた。

ドイツの圧力に屈したスウェーデンは、中立の体裁を保ちつつ、フィンランドに向かうドイツ兵の自国通過を認めている。フィンランドを支援しているのはドイツのみであり、フィンランド支援という目的もあった。

第2次大戦ののち、スカンディナヴィアの4か国は独立を回復するが、志向する方向は違った。デンマークとノルウェーがNATOに加盟し、安全保障を強化した一方で、スウェーデン、フィンランドは中立を選んだ。

とくにソ連と国境を接するフィンランドには、ソ連への忖度《そんたく》を迫られ、外交的な自由はなかった。フィンランドが中立を捨ててNATOに加盟すれば、ソ連をあまりに刺激し、ソ連に戦争の口実を与えかねなかった。スウェーデンもフィンランドとソ連の戦争に巻きこまれるのを恐れ、中立を選ばざるをえなかった。

ただ、そのフィンランド、スウェーデンも、ウクライナ侵攻によってロシアの脅威があからさまになると、新たな選択をしている。両国はNATO加盟を希望し、スカンディナヴィアはNATOによって守られることになるだろう。

見方を変えれば、NATO入りを果たすことで、スカンディナヴィア半島は、対ロシアの最前線とも位置づけられることになる。

6章

見えない火種が
くすぶる4つの半島

太平洋とインド洋を隔てる半島の「歴史的役割」とは　マレー半島①

　東南アジアのマレー半島は、南北に細長く延《の》びた半島である。インドシナ半島から枝分かれし、その付け根にはタイ、ミャンマーがあり、半島の南部にはマレーシアがある。半島の突端《とったん》には、シンガポールが位置している。

　マレー半島は、太平洋とインド洋を分かつ細長い壁でもある。マレー半島が南北に延びているために、太平洋とインド洋は隔《へだ》てられてしまっている。マレー半島の先にあるスマトラ島、ジャワ島なども、太平洋とインド洋を隔てる壁になっている。太平洋とインド洋を最短で結ぶのは、マレー半島とスマトラ島のあいだにあるマラッカ海峡となる。

　マレー半島という「壁」が存在するため、東アジア圏、インド圏はそれぞれ異なる文化を築いてきた。マレー半島に隔てられているがゆえに、東アジア圏、インド圏は相互に大きく影響し合うことがなかったといっていい。

　現在、マレー半島の地政学的な地位は圧倒的に高い。太平洋とインド洋を結ぶマラッカ海峡に面しているからだ。とくに日本や中国、韓国をはじめ東アジアの国々にとって、マラッカ海峡とマレー半島の安全は死活問題になっている。中東の石油が、マラッカ海峡を

マレー半島

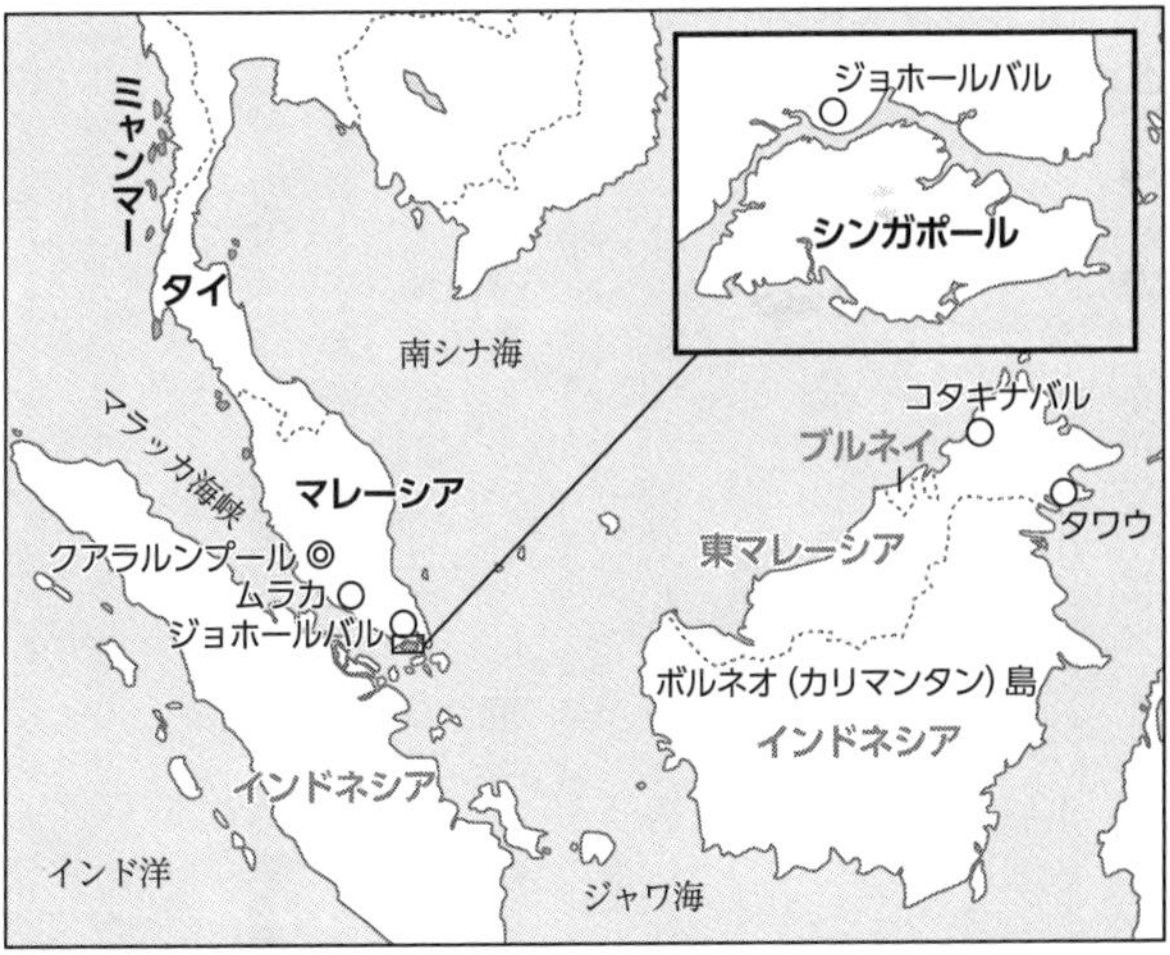

通じて東アジアにもたらされるからだ。
仮にマレー半島が紛争地帯になり、マラッカ海峡の航行に支障が出てくると、東アジア諸国を襲うのは原油高というパニックである。中東からのタンカーはモルッカ海峡やマカッサル海峡に迂《う》回《かい》せねばならず、輸送コストが上昇してしまうからだ。
ただ、近代においては、マレー半島の先端部はそう不安定な地域になったことはない。南北には山脈がはしっていて、平野は多くない。半島自体が南北に細長いこともあって、ひとつにまとまるはずもないのだ。
マレー半島も全体としては「統治不能」であり、半島内で勢力争いが繰り返されてきた。それでも、近代になってマレー半島の先端部は比較的安定し、紛争が起こりにくくなっている。

ひとつにはアメリカが目を光らせているからだが、シンガポールの存在が大きいだろう。シンガポールが安定して強固であるから、マラッカ海峡の安全は守られているのだ。

強武装化を進める「シンガポールの真の狙い」とは　マレー半島②

シンガポールが築かれるまでのマレー半島南部の歴史をたどると、他の半島と同様にまとまりがなく、勢力争いの多い地域であった。

マレー半島南部には、14世紀にマラッカ王国が築かれている。スマトラ島にあったシュリーヴィジャヤ王国が消滅したときの亡命政権のようなものだ。

マラッカ王国は、マラッカ海峡という海上交通の要衝《ようしょう》にあったことで栄える。ゆえに、このマラッカ王国の中心ムラカ（マラッカ）は、東南アジアに進出をはじめたヨーロッパの勢力に狙われる。まずはポルトガルがムラカを奪い、つづいて遅れて東南アジアに進出したオランダが、ポルトガルからマラッカを奪い取っている。

18世紀末から、マレー半島南部に進出してきたのは、イギリスである。イギリスはペナンにまず根拠地を置いたのち、オランダと条約を結び、東南アジアでの勢力圏を分け合う。

オランダがジャワ島、スマトラ島を勢力圏にするのと引き換えに、イギリスはマレー半島が勢力圏であることをオランダに認めさせている。

イギリスがマレー半島を勢力圏に置いたとき、重視したのは、シンガポールだ。すでに行政官のラッフルズがここに目をつけて拠点を築いており、イギリスもやがてシンガポールの重要性に気づく。イギリスはマレー半島を植民地化していくと同時に、シンガポールに軍港と要塞を建設している。

こうしてシンガポールは、イギリスのマラヤ植民地経営の中心となったのみならず、イギリスの東洋支配の象徴にもなった。マラッカ海峡の安全は、世界帝国になっていたイギリス領シンガポールによって保障されつづけることになったのだ。

20世紀、日本が第2次世界大戦に参戦したとき、シンガポールは当初、日本軍の最大攻略目標となる。日本が南方の資源を確保しようとする際、最大の障害はシンガポールにあるイギリス軍であったからだ。

シンガポールは、イギリスが誇る要塞でもある。日本軍によるシンガポール攻略は、至難にも思われていた。けれども、日本軍はマレー半島に上陸したのち、あっさりとシンガポールを陥落させ、イギリスを東南アジアから叩き出している。イギリスは日本軍の能力を侮《あなど》っていたうえ、シンガポール要塞の能力を過信していたから、日本軍の攻撃になす術《すべ》がなかったのだ。

日本はシンガポールをイギリスから奪ったのち、一大根拠地とした。シンガポールを得たからこそ、日本の空母部隊はインド洋にまで進出していく。空母部隊は、イギリスの支配するセイロン島に空襲を仕掛け、イギリス艦隊をインド洋の中心からも駆逐《くちく》している。

日本の敗戦ののち、シンガポールは曲折《きょくせつ》を経て独立する。そして、小国ながら、隠れた戦闘国家へと成長を遂げていく。シンガポールの国防支出は110億ドルを超えており、GDP（国内総生産）に対する割合は3パーセントにもなる。金額レベルだけで、近隣のインドネシアやマレーシアを凌《しの》ぐ。しかも兵士はよく訓練されていて、空軍はアメリカで定期訓練を行なっている。

空軍がアメリカで訓練を受けているように、シンガポールは安全保障上、アメリカと密接に結びついている。シンガポールのチャンギ海軍基地は、アメリカ海軍の原子力空母、原子力潜水艦の停泊を前提に築かれている。

これは、マラッカ海峡、マレー半島をアメリカ軍が注視していることを意味する。マラッカ海峡の安全が脅《おびや》かされるようなら、シンガポールを起点にアメリカ軍が行動するだろう。このアメリカとシンガポールの連携により、マレー半島南部、マラッカ海峡の安全は保障されているといっていい。

シンガポールが隠れた戦闘国家になったのは、大国に自身が狙われやすいことをよく知っているからだろう。シンガポールに隣接するのは、インドネシア、マレーシアというシンガポールよりもはるかに広大な国である。

インドネシア、マレーシアはともに、マラッカ海峡を押さえ、シンガポールの重要性を知っている。シンガポールが弱体で、不安定ならば、シンガポールの吸収にかかるだろう。そうした周辺国の野心をもたげさせないためにも、シンガポールは強武装の国になっている。このシンガポールの安定と強武装が、マラッカ海峡の安全に結びついているのだ。

なぜ、中国とシンガポールは「互いに脅威と感じる」のか？　マレー半島③

マラッカ海峡、マレー半島の安定に欠かせないシンガポールにとって、現在、最大の不安定要因は中国だろう。シンガポールには華僑《かきょう》が多く、彼らの意見は強い。しかしながら、シンガポールは中国を脅威とも見なしている。

一方、中国にとってもシンガポールは脅威である。中国が東アジアで危険な戦争でも仕掛けようものなら、マラッカ海峡から中国のタンカーが締め出される可能性があるからだ。

シンガポールと密接な関係にあるのは、アメリカだ。アメリカの要請があれば、シンガポールがマラッカ海峡の封鎖を試みる可能性は否定できない。マラッカ海峡が封鎖されたら、中国は原油を思うように入手できず、戦争どころではなくなるのだ。

中国は、このシンガポールの危険性を認めていて、インド洋で新たな戦略をとっている。すでに述べたように、中国は友好国であるパキスタンのグワーダルに巨大な港を建設している（122ページ参照）。グワーダルからパキスタン国内、カシミールを抜け、新疆《しんきょう》ウイグル自治区までつながる原油パイプラインを設置したら、マラッカ海峡封鎖に対抗できる。

近未来、中国が狙っているのは、シンガポールにおける親中政権の誕生だろう。シンガポールでは、中国系住人が8割近くを占《し》めており、彼らを誘導するなら、選挙によって親中派の首相が登場することもありうるだろう。

ただ、現状ではシンガポールでの政権交代はむずかしい。1965年の建国以来、与党である人民行動党が圧倒的多数を得ていて、現在の首相リー・シェンロンは、先代首相のリー・クアンユーの息子である。

つまり、シンガポールは「明るい北朝鮮」と揶揄《やゆ》されるくらい、リー一族による独裁国家の側面がある。シンガポールがリー一族の独裁状態にあるかぎり、中国が望むような政権交代はそうはありえないのだ。

アメリカが、シンガポールの独裁のような体制を容認しているのも、そのあたりにあるのではないか。アメリカは独裁型国家を嫌い、やたらと民主化を求めたがるが、シンガポールには何もいわない。アメリカが、シンガポールに親中政権が登場することを望んでいないからだ。

シンガポールでリー一族の政権が崩壊し、より民主化されるならどうだろう。シンガポールで政治的な議論が活発化するにつれて、親中派が台頭する可能性がある。それは、シンガポールに親中政権を誕生させかねない。だから、アメリカはシンガポールのリー一族のあり方には口を挟まない。

仮にシンガポールに親中政権が登場するなら、マラッカ海峡の航行は中国に支配されかねないということでもある。日本や韓国のタンカーがマラッカ海峡を通れなくなれば、日本経済、韓国経済は悲鳴をあげる。悲鳴をあげたくないなら、中国に屈従することにもなるのだ。

なぜ、ユーラシア大陸勢力にとって「行き止まりの回廊」なのか？ アナトリア半島①

アナトリア半島は、現在のトルコが位置する半島である。たんに「アナトリア」と呼ばれることもあれば、「小アジア」とも呼ばれてきたが、実質は半島そのものである。北には黒海、西にはエーゲ海、南には地中海が広がっている。

アナトリア半島の特徴は、バルカン半島につながる位置にあるところだ。バルカン半島とともに、黒海を形成している。アナトリア半島の西北には、ボスポラス海峡、マルマラ海、チャナッカレ（ダーダネルス）海峡があり、その向こう岸がバルカン半島となっている。現代のトルコは、バルカン半島側にも領土を有し、最大の都市イスタンブールはバルカン半島側にある。

アナトリア半島は、じつにややこしい半島である。ひとつには、見る角度によって、さまざまな側面を持っているからだ。

ギリシャから見れば、アナトリア半島の海岸部は、かつては勢力圏でもあった。古代ギリシャの時代以来、ギリシャ人たちはエーゲ海周辺での植民活動に意欲的であり、アナトリアのエーゲ海沿岸や周辺の島々にはギリシャ人たちの都市があった。

アナトリア半島

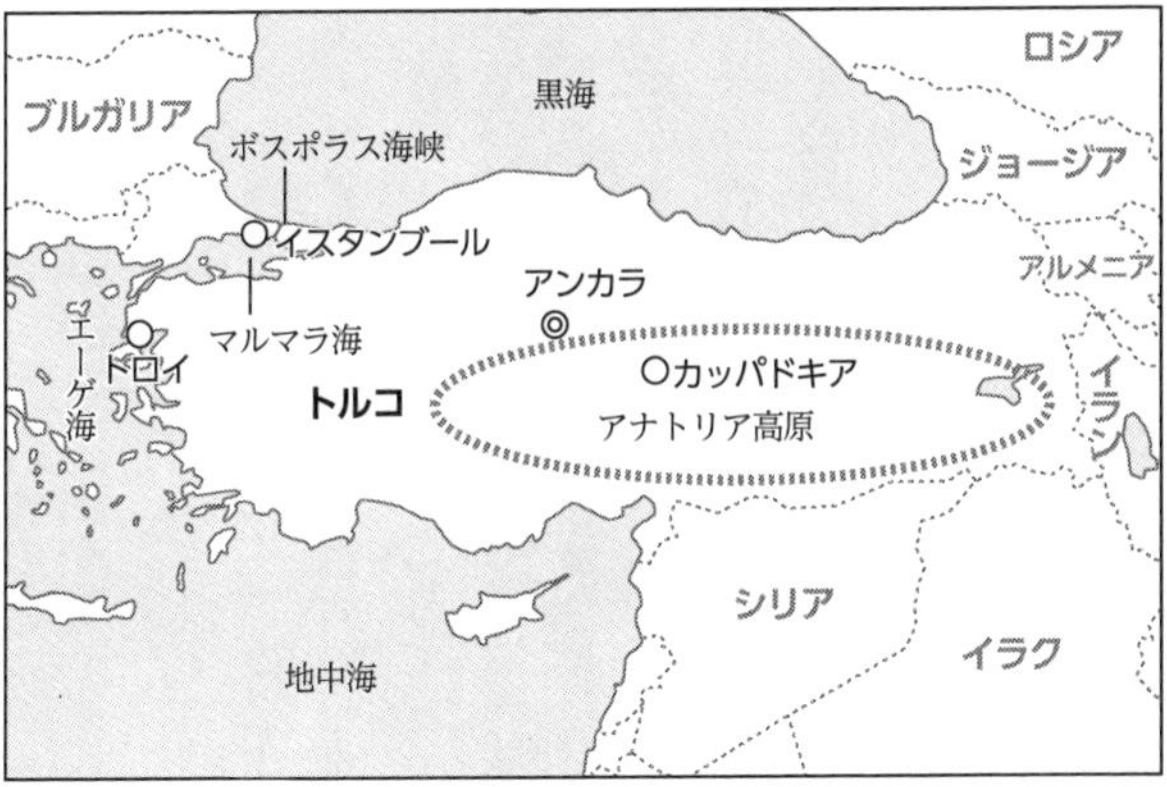

こうした歴史的経緯から、20世紀にトルコ共和国が成立したのちも、アナトリア半島のエーゲ海沿岸にある島のほとんどはギリシャの領土になっている。トルコは、エーゲ海ではギリシャより劣勢になっている。

そのエーゲ海沿岸まで進出したギリシャ人たちも、アナトリア半島全体を支配しようとはしてこなかった。アナトリア半島も多くの半島と同じで、山に覆われていて、多くの盆地や谷を抱えている。アナトリア半島の内陸への進出には抵抗も多く、ギリシャ人たちの進出も沿岸部までにとどまっていたのだ。

一方、ユーラシア大陸にある勢力にとっては、アナトリア半島は「行き止まりの回廊」であった。古代から、ユーラシア大陸の中央やイラン高原などから、巨大な勢力が登場し、アナトリア半島にも進出しようとしてきた。古代のアケメネス朝はアナトリア半島をほぼ手中にしたし、イスラム勢力やモンゴル帝国も、アナトリア半島に食いこんでいった。

けれども、彼らの勢力拡大はアナトリア半島で行き止まりとなった。彼らは、ボスポラス海峡を渡れないか、あるいはアナトリア半島の山岳地帯で立ち往生してしまっていた。アナトリア半島は征服・統治のむずかしい「要塞」であるうえ、海を渡る技術のない者たちにとっては行き止まりの地であったのだ。

オスマン帝国の勃興の地ながら、中心となれなかった理由 アナトリア半島②

世界史を少し齧《かじ》っていくと、アナトリア半島は世界のひとつの中心にも見えてくるが、それは誤解だろう。世界の中心となっているのは、アナトリア半島の向こう岸にあるバルカン半島側のイスタンブール（コンスタンティノープル）である。

コンスタンティノープルは、ヨーロッパ世界とアジアの結節点《けっせつてん》であり、黒海と地中海を結ぶ要衝である。ゆえに、ローマ帝国は後期にはここに都を置き、東ローマ帝国（ビザンツ帝国）もまたコンスタンティノープルを中心とした。

ローマ帝国やビザンツ帝国にとってアナトリア半島の役割はといえば、コンスタンティノープルを守る「砦《とりで》」のようなものだった。山々に覆われたアナトリア半島は、統治するのも、征服するのもむずかしい。古代ローマ帝国も、アナトリア半島の征服には時間を要している。

一方、ビザンツ帝国が衰退していくと、アナトリア半島の征服のむずかしさはビザンツ帝国に有利に働いた。コンスタンティノープルを目指す勢力も、アナトリア半島への侵攻で息切れしてしまうのだ。その典型がササン朝ペルシャやイスラム帝国、モンゴル帝国となるだろうか。

アナトリア半島が世界の中心に見えてしまうのは、アナトリア半島にオスマン帝国が勃《ぼっ》興《こう》したからでもあるだろう。オスマン帝国は、衰退期には「オスマン=トルコ」とも呼ばれてきた。そこから、アナトリア半島のトルコ人たちが中心になって、オスマン帝国という大帝国を建設したように見えるのだが、実情はかなり異なるのだ。

オスマン帝国がアナトリアに勃興したことは、たしかだ。オスマン帝国を建国したのがトルコ(チュルク)系の者たちというのもたしかだろう。けれども、オスマン帝国はアナトリア半島を中心に巨大化したわけではない。むしろ、オスマン帝国はアナトリア半島での勢力拡大を二の次としてきた。

オスマン帝国が勢力拡大の場に選んだのは、勃興の地アナトリア半島ではなく、対岸のバルカン半島であった。オスマン帝国は初期にはアナトリア半島西北のブルサを首都としたものの、14世紀にはバルカン半島のアドリアノープル（現・エディルネ）を攻略し、ここを拠点としている。

以後、オスマン帝国はアナトリア半島よりもバルカン半島での勢力拡大に熱心であった。バルカン半島の多くを手中にしたからこそ、オスマン帝国は巨大化したのだ。

オスマン帝国がアナトリア半島ではなくバルカン半島を選んだのは、直接にはアナトリア半島内で海軍力のある勢力を味方につけ、従えてきたからだ。オスマン帝国は「行き止まりの回廊」を克服した数少ない勢力だ。ただ、巨視的にはバルカン半島のほうが豊かで、征服しやすかったのだろう。

たしかにバルカン半島には山脈、山地が多く、「統治不能の要塞」であるが、バルカン半島のところどころには豊かな平野も広がっている。バルカン半島のほうが、アナトリア半島よりも平野の大きさ、多さという点では優越している。しかも、コンスタンティノープルからアドリアノープルにかけてのバルカン半島の入り口地帯は、平野になっているから、オスマン帝国はバルカン半島に惹《ひ》きつけられたのである。

さらにいえば、バルカン半島の勢力よりもアナトリア半島の勢力が手強《てごわ》かったからだ。アナトリア半島には、オスマン帝国の騎兵と同じレベルの騎兵集団がゴロゴロいるから、各地で苦戦を強《し》いられる。

一方、バルカン半島の騎兵はアナトリア半島の騎兵ほど強くはない。アナトリア半島の騎兵たちを味方につけてバルカン半島に渡れば、バルカン半島の騎兵を正面から撃ち破れるのだ。

しかも、オスマン帝国はアナトリア方面に巨大な勢力が侵攻してくることを恐れていた。15世紀初頭には、中央アジアから勃興したティムールの軍団にアナトリア半島のアンカラで完敗し、一時は国が消滅しかかった苦い記憶が、オスマン帝国にはある。オスマン帝国は強敵の多い東方世界を嫌って、バルカン半島に向かったともいえる。

バルカン半島に勢力を拡大したオスマン帝国は、コンスタンティノープルを陥落させ、ここを都とする。以後もオスマン帝国が重視しつづけたのはバルカン半島であり、アナトリア半島の経営には消極的であった。

オスマン帝国は、アナトリアではたびたび反乱も経験しており、アナトリア半島は、巨大化を遂げるオスマン帝国の力の根源とは言い切れないのだ。

半島ゆえにトルコが今、直面している問題とは アナトリア半島③

19世紀になると、オスマン帝国はバルカン半島から追い出されていく。民族主義が世界に広まる時代になると、バルカン半島の民族意識は支配者であるオスマン帝国という敵を見つけて盛り上がる。

こうしてオスマン帝国がバルカン半島の大半を失ったとき、唯一残っていたのがアナトリア半島である。20世紀、オスマン帝国が消滅したのち、アナトリア半島はトルコ共和国として出発し、現在に至っている。

ただ、現代トルコは人工国家のような側面がある。長かったオスマン帝国時代に、アナトリア半島の住人にオスマン帝国に対しての忠誠はなく、自らが何人《なにじん》という意識はなかった。「トルコ人」という意識もなかった。トルコ人を定義する物差しも何もないまま、20世紀にはトルコとして出発することになったのだ。

いまのトルコがオスマン帝国とは別物であろうとしたことは、アンカラに都を移したことが象徴している。そもそも、オスマン帝国の全盛期にアナトリアは帝国の一部にすぎず、帝国の中心でも何でもない。オスマン帝国の衰退期が惨《みじ》めであったことも手伝い、いまのトルコはオスマン帝国とは別物であろうとした。トルコは、オスマン帝国最後の皇帝に何の敬意も払わず、自国から追放している。

その現代トルコが直面したのは、アナトリア半島の統治のむずかしさだ。アナトリア半島の東南部にはクルド人たちがいて、つねに独立を訴えているだけではない。半島国家であるトルコは、他の半島がそうであるように、多くの少数民族を抱えている。アラブ人、グルジア人、ギリシャ人、アルメニア人、アルバニア人ら10以上の少数民族があり、彼らの言語がある。

そもそも、トルコで多数派の「トルコ人」というものが何なのかも、本質的にはわからないままである。トルコ人の民族的な定義が定かでないからだ。

現代のトルコは、「統治不能」のアナトリア半島の地で苦しんでいる。だから、エルドゥアンのような強権の政治家が登場しているのだといえるが、現実が困難であるがゆえに、トルコは切り捨てたはずのかつてのオスマン帝国の夢を見ようともしている。

いまのトルコがバルカン半島の諸国に近づき、密接にもなろうとしているのも、そのためだろう。２０２０年のナゴルノ＝カラバフ紛争にあって、トルコが同じトルコ系のアゼルバイジャンを支援したのも、その延長線上にあるのではないか。

トルコのオスマン帝国への郷愁《きょうしゅう》と回帰意識は、トルコに大国願望を育てようとしている。トルコが大国を目指して野心的になるようなら、アナトリア半島周辺は不穏の地と化していくのではないか。

なぜ、近代になって「北京のアキレス腱」と化したのか？　山東半島①

中国の山東《シャントン》半島は、黄海に突き出した半島である。半島の北に位置する遼東《リャオトン》半島とで渤《ぼっ》海《かい》を形成している。山東半島と遼東半島は、渤海海峡を挟んで、黄海と渤海を分かつ役割も果たしている。

山東半島は古くから中国大陸の王朝に属し、独自の歴史を形成したことはない。長いこと歴史の大きなうねりとは無関係であり、地政学的な地位は低かった。

その山東半島が地政学的な地位を高めるのは、東アジアに海洋の時代が訪れた以降のことである。海洋勢力によって、山東半島が狙われはじめたからだ。

まずは、倭寇《わこう》が東アジアの海を荒らした時代に、山東半島は注目される。倭寇は山東半島を襲ったし、渤海内にも侵入しようとしてきたからだ。渤海内に入ると、天津が狙われる。中国の明王朝は倭寇の襲撃に対して、山東半島を倭寇の監視点と見なした。倭寇を見

山東半島と遼東半島

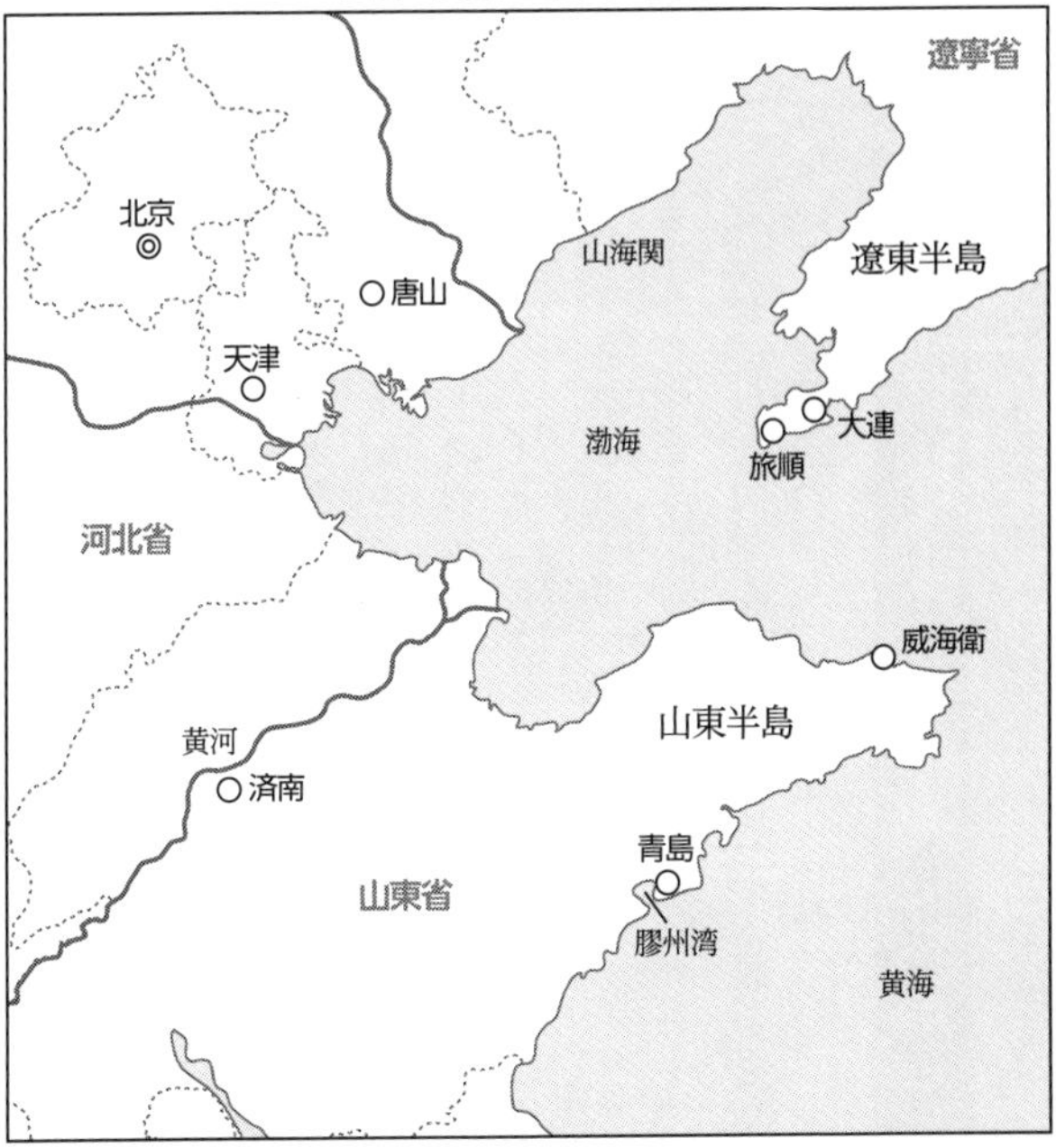

つけたら、山東半島で狼煙《のろし》をあげ、危機を渤海沿岸に伝える。そのために置かれたという「煙台」が、いまは山東半島の都市名にもなっている。

山東半島の地政学的な地位が急激に上がるのは、19世紀後半のことである。

1894年にはじまった日清戦争は当初、朝鮮半島が舞台であったが、戦いを優位に進めた日本軍は山東半島の威海衛《いかいえい》を攻め落とした。威海衛には清国海軍の基地があったから、これを落とすことで、日本は清海軍を完全に無力化させた。

この瞬間から、清帝国の宮廷は日本との休戦に向かい、下関条約の締結となった。清が多大な賠償金を支払ってまで、下関条約の締結を急いだのは、山東半島を失う恐怖からだったのだろう。

日本に山東半島を奪われると渤海が日本の海と化してしまうのだ。すでに日本軍は山東半島の向かいの遼東半島を制圧していたから、遼東半島と山東半島で渤海を塞《ふさ》ぐことができる。日本の海と化した渤海に日本海軍の艦隊が遊弋《ゆうよく》するようになった先、日本陸軍は天津に上陸するだろう。天津に上陸をゆるすなら、北京の陥落は時間の問題になる。そう考えた清朝は、日本との講和を急いだのである。

黄海に突き出した山東半島は、海洋勢力に狙われやすい半島であり、ここを失うと、中国の首都・北京は無防備に等しくなるのだ。日清戦争は、山東半島が北京のアキレス腱になりかねないことを中国の住人に思い知らせたのだ。

近代日本はなぜ、山東半島の領有に執着したのか？　山東半島②

日清戦争ののち、山東半島に目をつけたのは西洋諸国である。日清戦争の敗北によって、西洋諸国は中国を恐れるに足りない国と見なし、侵食していった。イギリスは山東半島の威海衛を租借《そしゃく》、ドイツは山東半島の青島《チンタオ》を租借したのみならず、山東半島を勢力圏とした。

イギリスが威海衛を租借したのは、ロシアを意識してのことだろう。当時、ロシアが遼東半島を勢力圏に置いていたから、遼東半島のロシアを牽制する意味があった。

その後、第1次世界大戦ののち、山東半島の利権をドイツから継承しようとしたのは日本であった。第1次大戦下、日本はドイツ領の青島を攻略していたから、ドイツが大戦に敗れると、戦利品と見なしたのだ。

以後、山東半島をめぐっては、中国と日本が対立する。1921年からのワシントン会議のあと、日本は山東半島の利権を中国に返還するが、そののちも日本は山東半島に執着している。1920年代、日本は居留民の保護を名目に2度も山東半島へと出兵している。

日本の山東半島への執着は、北京への牽制と満洲の防衛のためだろう。1920年代の日本は遼東半島を勢力圏に入れたのみにとどまらず、遼東半島から満洲に浸透しようとしていた。日本は満洲を中国の政権から遠ざけてしまいたかった。そのために、遼東半島と山東半島で渤海を塞ぎ、北京を威圧しようとしていた。

当時、中国大陸では軍閥が勢力を広げ、蔣介石が南から軍閥打倒の北伐《ほくばつ》に動いていた。

日本は、蔣介石の北伐を北京までで押しとどめようとしていたから、山東半島に執着していたともいえるだろう。

現在、山東半島は中国の完全な領土である。けれども、東アジアが動乱に陥り、北京政府を打倒しようという海洋勢力が現れれば、彼らは山東半島を狙うだろう。山東半島が、北京の泣きどころでありつづけるからだ。

三国干渉で日本に遼東半島を返還させた「露独仏の狙い」とは　遼東半島①

遼東半島の旅順といえば、日露戦争の最大の激戦地であり、日露戦争の行方を決してもいる。遼東半島は、日本を振り回してきた半島である。

遼東半島は、黄海に対して南西に突き出した半島であり、対岸の山東半島とともに渤海と黄海を分かつ。のみならず、その付け根は朝鮮半島の付け根とつながっていて、朝鮮半島の命運さえも支配しかねない地位にある。

遼東半島が世界史の大舞台に突如としてデビューするのは、1895年のことだ。この年、日本は日清戦争に勝利し、下関条約によって、清朝から遼東半島を割譲《かつじょう》されることが決まった。これに対し、ロシアはドイツ、フランスを味方に引きこみ、遼東半島を清朝に返還するよう日本に迫《せま》った。いわゆる三国干渉であり、日本はこれを呑《の》まざるをえなかった。

日本が下関での清側との会議で遼東半島を求めたのは、日本と朝鮮半島の安全保障のためだろう。当時、遼東半島とつながる満洲にはロシアが浸透しはじめていた。ロシアが遼東半島を得れば、遼東半島の旅順を利用するだろう。すでに日清戦争で日本軍は旅順を占領していたから、旅順の地政学的な地位を知っていた。旅順に軍港を築けば、黄海の覇権を握るのはもちろん、日本海へも押し出していくことができる。ロシア艦隊が黄海の外にまで出るなら、日本と朝鮮半島を結ぶ対馬《つしま》海峡も安全とはいえなくなる。

しかも、朝鮮半島の西側海岸は黄海に面しているから、旅順のロシア艦隊の威圧を受ける。遼東半島の付け根と朝鮮半島の付け根はつながっているから、ロシアは遼東半島側からも朝鮮半島に圧力をかけられる。朝鮮半島へのロシアの浸透を防ぎたい日本からすれば、ロシアが南下するよりも早く遼東半島を確保しておきたかった。

けれども、三国干渉によって日本の遼東半島の確保はひっくり返されてしまう。こののち、ロシアは清朝から遼東半島の旅順、大連を租借し、旅順に一大軍港と要塞を築いたから、日本は最悪の事態に直面してしまったのだ。

ドイツ、フランスが三国干渉につきあったのは、ロシアの目を朝鮮半島や遼東半島に向けさせておきたかったからだった。当時、バルカン半島の緊張度は増し、ロシアはバルカン半島に深入りしはじめていた。ドイツやフランスからすれば、ロシアがバルカン半島で大きな存在になるのはおもしろい話ではない。ロシアをバルカン半島から遠ざけるため、遼東半島を利用したのである。

結局、日本はロシアとの戦争を選ぶ。日露戦争がはじまったとき、遼東半島は日本にとって重要となった。遼東半島は満洲への入り口であり、日本軍は遼東半島に上陸し、北上するよりほかなかったからだ。

さらに、遼東半島の旅順にあるロシア艦隊は、日本にとってもっとも無力化させねばならない存在であった。日本は旅順に籠《こ》もるロシア艦隊を撃滅するため、難攻不落の旅順要塞を攻略しなければならず、多大な犠牲を払っている。

日露戦争に勝利した日本は、ポーツマス条約によって遼東半島南部の租借権を手に入れている。これにより、ロシアによる黄海の支配という悪夢を絶つことができたのだ。

遼東半島の支配から、満洲へと吸い寄せられていった日本　遼東半島②

ロシアから遼東半島南部を得た日本は、つづいて1910年に韓国を併合する。この瞬間から、日本は満洲へと吸い寄せられていく。

遼東半島の付け根と朝鮮半島の付け根は、つながっている。日本が朝鮮半島と遼東半島を守り、ふたつの半島を有機的に結合させるには、満洲に押し出していくしかない。こうして日本は満洲にひとつの生命線を見るようになり、満洲に野心を持つようになった。

1930年代、日本が満洲に満洲国を建国したのち、遼東半島の大連は日本から満洲への入り口となる。大連から内陸のハルビンまでの鉄道が敷設《ふせつ》され、大連〜ハルビン間に特急「あじあ」号を走らせている。「あじあ」号は野心的な列車であり、時速80キロ以上で走った。満洲国があった時代、大連は満洲国最大の貿易港となっていた。

現在、遼東半島は中国の領土となっていて、遼東半島をめぐる争いは過去のものになっている。ただ、中国東北部、つまり満洲は、中国大陸とは別の歴史を持ち、中国大陸の王朝に対抗してきた。そのことを考えれば、近未来に中国東北部が中国から分離する可能性はゼロではない。

仮に東北部（満洲）が中国から分離する時代となるなら、遼東半島の帰属は中国と満洲間の大問題になるだろう。遼東半島の旅順に満洲側の基地ができるなら、渤海、天津への威嚇になる。逆に中国側が遼東半島を確保するなら、満洲への匕首《あいくち》にもなるのだ。

◉参考文献

『インド洋圏が、世界を動かす』ロバート・D・カプラン（合同出版）
『バルカンの亡霊たち』ロバート・D・カプラン（NTT出版）
『地政学の逆襲』ロバート・D・カプラン（朝日新聞出版）
『恐怖の地政学』T・マーシャル（さくら舎）
『地政学』奥山真司（五月書房）
『旧ドイツ領全史』衣笠太朗（パブリブ）
『東アジア・イデオロギーを超えて』古田博司（新書館）
『「統一朝鮮」は日本の災難』古田博司（飛鳥新社）
『ユーラシア帝国の興亡』クリストファー・ベックウィズ（筑摩書房）
『ロシアと中国 反米の戦略』廣瀬陽子（筑摩書房）
『ヴィジュアル版 海から見た世界史』シリル・P.クタンセ（原書房）
『20世紀の戦争』三野正洋、田岡俊次、深川孝行（朝日ソノラマ）
『東欧の歴史』アンリ・ボクダン（中央公論社）
『大航海時代の東南アジア〈I〉』アンソニー・リード（法政大学出版局）
『最新 世界紛争地図』パスカル・ボニファス、ユベール・ヴェドリーヌ（ディスカバー・トゥエンティワン）
『最新 世界情勢地図』パスカル・ボニファス、ユベール・ヴェドリーヌ（ディスカバー・トゥエンティワン）
『「帝国」ロシアの地政学』小泉悠（東京堂出版）
『アイラブユーゴ1 大人編』鈴木健太、百瀬亮司、亀田真澄、山崎信一（社会評論社）
『世界の歴史29 冷戦と経済繁栄』猪木武徳、高橋進（中央公論新社）
『物語 ウクライナの歴史』黒川祐次（中央公論新社）
『物語 ビルマの歴史』根本敬（中央公論新社）
『トルコ現代史』今井宏平（中央公論新社）
『世界各国史15 イタリア史』北原敦編（山川出版社）
『世界各国史18 バルカン史』柴宜弘編（山川出版社）
『世界各国史21 北欧史』百瀬宏、熊野聰、村井誠人編（山川出版社）
『ロシア史1・2・3』田中陽兒、倉持俊一、和田春樹（山川出版社）
『世界史図録ヒストリカ』谷澤伸、甚目孝三、柴田博、高橋和久（山川出版社）
『興亡の世界史10 オスマン帝国500年の平和』林佳世子（講談社）
『教養の東南アジア現代史』川中豪、川村晃一編著（ミネルヴァ書房）
『トルコ民族の世界史』坂本勉（慶應義塾大学出版会）
『カラー版 世界史図説2訂版』飯田國雄、石井武夫、宮崎正勝、綿引弘、東京書籍編集部編著（東京書籍）

「半島」の地政学

2023年2月18日　初版印刷
2023年2月28日　初版発行

著者◉内藤博文

企画・編集◉株式会社夢の設計社
東京都新宿区山吹町261　〒162-0801
電話（03）3267-7851（編集）

発行者◉小野寺優

発行所◉株式会社河出書房新社
東京都渋谷区千駄ヶ谷2-32-2　〒151-0051
電話（03）3404-1201（営業）
https://www.kawade.co.jp/

DTP◉アルファヴィル

印刷・製本◉中央精版印刷株式会社

Printed in Japan　ISBN978-4-309-50443-8